原生家庭创伤和疗愈

杨暖 著

开明出版社

图书在版编目（CIP）数据

原生家庭创伤和疗愈 / 杨暖著. -- 北京：开明出版社，2023.4

ISBN 978-7-5131-7724-5

Ⅰ. ①原… Ⅱ. ①杨… Ⅲ. ①家庭问题—研究 Ⅳ. ①C913.11

中国版本图书馆CIP数据核字（2022）第181676号

责任编辑：卓　玥　张慧明

书　　名：原生家庭创伤和疗愈
出版人：陈滨滨
著　　者：杨　暖
出版社：开明出版社（北京市海淀区西三环北路25号青政大厦6层）
印　　刷：保定市中画美凯印刷有限公司
开　　本：880mm×1230mm　1/32
印　　张：7.5
字　　数：170千字
版　　次：2023年4月第1版
印　　次：2023年4月第1次印刷
定　　价：49.80元

印刷、装订质量问题，出版社负责调换。联系电话：（010）88817647

目录

第一章

父母的控制欲
——以爱为名义的伤害

第二章

原生家庭对子女的最大伤害
——来自父母的爱的缺失

第三章

我们的身体会说话
——原生家庭创伤的深层表达

第四章

你和世界的关系是怎样的
——原生家庭亲子关系的再现

第五章

怎样修复原生家庭创伤
——你可以做自己的疗愈师

第六章

与原生家庭和解
——与父母的和解是真正走向成熟的标志

父母的控制欲

——以爱为名义的伤害

父母的控制欲对孩子来说是最大的灾难。所有对孩子的谴责、贬低、压制、否定，都是控制欲的表现。父母的控制欲越强，对孩子的负面影响就越大，越深远。本章以实例说明父母的控制欲对孩子所造成的影响，对自卑、懦弱、被动、无法拒绝别人等一系列心理问题追根溯源，从幼年生活中找出答案。

1. 最常见的童年创伤来自父母惯用的"不允许"

表里不一的内心造成撕裂的痛苦人生。

小L一直都是那个"别人家的孩子",从小到大听话、懂事。当别人因为孩子闹得家里鸡飞狗跳的时候,就会羡慕小L的父母,因为小L从来都是大人怎么说就怎么做,没有让父母着急上火操过心。然而,就在她参加工作不久,家里人认为她有了一份不错的工作,接下来再谈个男朋友,结了婚就可以安安稳稳度过一生的时候,她却来找我做咨询了。因为她找不到前进的方向了,用她的话说,自己就像身处一个密不透风的罐子里,看不见光,不知道出口在哪儿,不知道今后的路应该怎么走下去。

经过了解得知,小L从小是一个被教育听话、被鼓励听话并且一直以听话被左邻右舍夸奖的女孩。在她的原生家庭中,一方面她被保护得很好,家人善良,对人真诚,做事小心翼翼,从不介入是非,也不得罪人;另一方面,她的母亲对她管教得很严,不管衣食住行,没有得到允许她不能擅自做任何事情,也不允许随便说话发言,一切只需要听大人的指令就好。这让她形成了无论做任何事都要等着大人来安排、一切都服从于大人的习惯。就这样,小L顺利度过了她的儿童和少年时代。

然而,越长大,越孤单。在家对父母的无条件服从,带来的自然是在外面对他人的无条件听从。自从上中学以后，她渐渐有了自己的想法和主张，却又不能按照自己的想法去行动，她感到内心和现实的冲突越来越强烈，尤其是当她和别的同学一起时，她就会完全听命于他人的摆布而无法按照自己的意愿去做事，这让她很无奈，因而更喜欢一个人独来独往，但是当别人邀请她时，她又无力拒绝。

学生时代还好，无论怎样都还处在服从的地位，整体来说还是一个被动的存在。当她服从家人的安排参加了工作，成了一个价值的创造者，事情就不一样了。最初她的工作比较单一和独立，只要领导分配了任务她就可以独自或者和同事一起去完成。后来随着工作变动，她需要承担一些零碎的、随时随地去处理，或者分工不那么明确、需要主动去承担的工作，这时候她就会显得很被动，常常不知道自己该干什么。更要命的是，大家在一起讨论问题时，她会显得很尴尬。按照习惯，她不会主动发表意见，潜意识里她认为自己是没有资格的，只需要听别人发言就行了。但问题是，同事们的意见常常不一致，这时她就会非常为难，不知道自己到底应该听谁的。在她的认知里，认同这个人的意见，就会得罪另一个持不同意见的人，而她不想得罪其中的任何一个人。时间长了，她感到在单位的处境越来越艰难，不知如何是好。

还有一个问题是，工作上小L可以当自己是透明人，不发表任何看法，但是在生活上、个人的私事上，她并不是一个没有想法、一切都需要依靠别人来帮助自己做决定的人。相反，和身边的人相比，她其实是一个更有思想、有主见，也有很多憧憬的人。只是因为她在原生家庭养成了一切以他人为中心的行为模式，性格习惯于服从，因而凡事退让，从来没有表达过自己内心的真正需求，也不知道怎样去表达自己的需求，或发表自己的见解。也就是说，和别人在一起时她从来没有遵从过自己的内心。因此，平时不管做什么，她更愿意自己一个人，那样她就可以在自己的世界里不用受制于人，可以天马行空做自己思想的主人，做自己想做的事。

她内心的想法和现实中对自己的压抑形成了强烈的反差和巨大的矛盾，进入社会后，她不得不时常去面对摆在面前的人际关系问题，外面的世界越来越让她不知所措。

不仅如此，随着这样的生活日复一日，她内心的憧憬和对理想的渴望也不知如何去实现。内心世界和现实世界的严重冲突，使她如同陷在泥沼里一般不能自拔，生活一片混沌。这让她感到绝望。

在咨询中小L明白了，自己的问题是由于幼时父母对自己的严重限制造成的。比如不允许乱说话，不允许随便动东西，甚至饿了要吃，疼了需要抚慰，这些最基本的生存要求也会被斥责和嘲弄，她只能安安静静地等着。所以在小L的潜意识里，自己是没有资格提任何要求的，自己的任何行为都是在给别人添麻烦。

在这样的家庭里长大，小L自然是不敢说话，怕做错事，很小就习惯于独自面对问题，有任何事情都自己默默忍受，从不向人求助。这导致她长大以后做事情非常被动，而且看起来很没有眼力见儿，但实际上她只是不敢去做，怕做错，怕被批评，会在做与不做之间犹豫不决。另外当工作量很大，或者需要和别人合作完成工作时，她也常常因为张不开嘴提要求而选择一个人默默努力想办法完成。

有一次她和一位退伍回来的朋友聊到当兵的话题，那位朋友听说小L一直有一个军人梦，就对她说：那你怎么不去当兵？语气里似乎只要她想做什么就可以去做。这让小L非常惊讶和意外。抛开能否当上女兵不说,日常生活中她从来没有过想要怎样就怎样,想干什么就干什么。何况这么大一件事,她不敢想象自己可以自作主张去报名参军,如果她向爸妈提出要求,更不知道会受到怎样的羞辱。

这件事对小L内心的触动很大,甚至可以说是振聋发聩。似乎就是从这个时候起,她开始有意识地思考自己任何事情都不被允许的人生。她隐隐觉得,幼时那些被赞美和称道的"听话"和"懂事",全部都成了人生中的绊脚石。

小L的最大问题是,没有自我,不敢表达,不会拒绝,怕出错,不敢行动。当然,这是她的外在表现特征。来找我做咨询的时候,她已经想了很多办法挽救自己。在内心世界里,她反而超乎寻常地有想法,但也仅仅是想法而已。她只有在没有家人、熟人在身边的时候才会按照自己的想法去做事。所以和大多数人不同的是,当她离开自己熟悉的那个圈子和人时,陌生的环境里反而能让她放得开,她愿意去和陌生人交谈,也可以随心所欲地去做一些她想做的事。

旅行是小L非常喜欢的一种休闲方式。长时间的路途颠簸可能会让别人会觉得疲惫,她却不亦乐乎,反而感觉更轻松,因为什么都可以想,什么都可以不想。大多数人可能更愿意搭伴旅游,觉得人少没意思,而她要的就是一个人的自由自在,可以借此去体验自己想要的生活。所以,只要有假期、有余钱,小L就会筹划旅游。旅游,其实是小L在尽最大努力去尝试自己内心那个世界的生活,也是她疗愈自己的一种方式。

咨询的过程中,我让小L参加了几次成长小组。当小L被带领的老师告知:你可以的;你有说话的权利;你有任何情绪都是正常的。小L的眼泪一下子就流了下来。她长期压抑在心里不敢流露出来，更不敢让别人知道的委屈、不满、愤怒等情绪都在这一刻得到了释放。在此之前，她觉得产生任何负面情绪都是不懂事、不应该的。随着情绪的释放，她的心里一下子轻松了很多。此刻，我知道，那个真正的自己，已经在她心里发芽了。

小L的咨询结束半年后，有一天我接到她的电话，得知她准备去南方发展，因为她发现在家里想要真正改变自己太难了。

在问题的来源处，面对熟悉的那些人，尤其在家庭中，个体内在的改变会遇到非常大的阻力，会让周围熟悉的人有"怪怪的"感觉，同时改变者也会感觉压力很大。离开原生家庭对于个人的成长来说的确是一个有效的办法，而小L也不再担心离开家会不会惹爸妈生气，会不会带来让她感到愧疚的后果。

但愿她能在异地他乡将心中的世界和现实世界合而为一，但愿她不断成长，活成自己想要的样子。

2. "为你好"——以爱的名义控制孩子的一生

父母最需要控制的不是孩子，而是自己那颗自认为"为孩子好"的心。

我们常常在家长训斥、管教孩子，将自己的意志强加给孩子遭到孩子的反抗时会听到这句话："我这都是为你好！"

然而就是这个"为你好",不仅让孩子当时心里极其反感,还会让其因长期被控制对潜意识造成的影响,从而在今后的社会关系中出现问题。

更有一种控制表面看起来并不粗暴,而是以爱的名义温柔对待。在这种怀柔政策下,孩子对来自家长的压力因失去判断而沦陷,丧失自我却不自知,甚至在已经出现严重问题而不得不求助咨询师的时候,还在为父母辩解,并不认为自己的问题与父母有什么关系。这是父母对孩子精神的一种更隐蔽也更为严重的控制。

S是一位我跟踪了两年的研究生。读本科时,他因为一段其实并没有开始的"恋爱"而被舍友讥笑,关系变得很僵。此后,他的情绪上出现了一些问题,自己感觉有严重的抑郁。

那时候我刚进入婚姻家庭咨询行业。他通过网络找到了我,没有正式咨询,只是很随意地聊天。觉得心里不舒服了,或碰到什么问题了,他就会给我留言,我有空就会和他聊一会儿。

他的倾诉欲很强,一说就停不下来,甚至影响到我的工作和睡眠,使我不得不一次次提醒他时间很晚了。他对此并不是没有感觉,曾经多次对我表示感谢,说和我聊天很舒服,心里会敞亮很多,甚至主动付费给我。

后来我们很长一段时间没有联系,再有他的消息时,他已经开始读研,并且已离开北京在老家进行一段时间的治疗了,包括药物和心理咨询的治疗。原本他是要和导师一块儿出国做项目,因为担心心理问题会影响出行,所以决定回老家集中治疗一段时间。之所以没有在北京治疗,据他说是因为他妈妈在老家托关系帮他联系了一家医院的心理科,认为这样治疗起来会让他和家人更放心一些。

这次联系是他妈妈先打电话给我的。她从S的口中知道了我的存在，说S对我非常信任，也介绍了他在老家的一些治疗情况。因为总不见效，有意让他来北京治疗，这样也不耽误他的课业学习。她来电话是想向我了解在北京治疗这样的心理问题哪家医院更好。

于是，我和他们母子又开始了电话和网上的来往互动。我就自己所知道的一些情况向他们做了简单介绍，咨询了在医院工作的朋友，给了他们一些治疗上的建议，还就S的问题和他们做了一些探讨。但是S回北京最后并没去医院，而是直接找我来做咨询。我给他制订了一个系统的治疗方案，得到他的认可后开始了正式的咨询。

S最急于要解决的是失眠问题，因为情绪和心理问题带来的失眠让他痛苦不堪。于是，我先给他做了一次意象对话，想先通过意象调整一下他的状态，让他能够以更积极的心态投入治疗，使后面的治疗更有效果。让我感到惊喜和意外的是，在意象对话进行的过程中他竟然睡着了。并且在次日回访中得知，当天晚上他没有失眠，睡得很好。这让我感到欣慰。此后他的睡眠处于比较稳定的状态，没有再出现大的问题。

治疗过程中，S的妈妈时常打电话来，询问儿子目前的情况，说明她和儿子之间的沟通情况。我会结合她所讲到的问题、S对妈妈的不满情绪，以及他和爸爸沟通中的别扭等问题，对S妈妈提出一些配合治疗需要注意的地方，比如不要对儿子追问太多，不要流露出对儿子的问题很无奈、很绝望的感觉，不要对儿子提出太多他并不需要的忠告，等等。对这些建议，S妈妈都欣然接受，并表示一直在按照我说的做。

同时我也帮S分析了爸妈行为背后的想法，让他尽可能去理解他们，并教他一些和父母沟通的方法。

很明显，S的问题源于幼年时父母主要是母亲对他的思想控制引发的心理问题。问题一直隐藏在潜意识里，在恋爱失败、同学关系出现问题时显现和暴露出来。尽管咨询效果不错，S本人后来却表示并不很喜欢这种治疗方法。因为探究他幼年时候家庭当中的一些情况，以及意象对话、催眠等方式会给他带来不安全感。他更喜欢和我漫无天际地聊天，觉得这样可能效果会更好。因此在后来的治疗中我更多采用了叙事疗法，这也是我比较喜欢的一种治疗方法。

不过我很怀疑S所谓不喜欢其实是妈妈的授意。因为对于原生家庭对自己的影响这一点在一开始的时候S是认可的，只要在这上面找到源头并引导S认识到他问题的根源，他的心理问题也就自然而然得到解决了。然而这次从老家回来以后，他的想法发生了变化。或者说这并不是他的想法，只是他的说法而已。

也就是说，S的妈妈在儿子治疗期间不但没有很好地配合，甚至为了不影响自己的形象或让儿子失控，还更进一步地控制S的一言一行，包括他的心理咨询和治疗。因为S似乎在刻意维护自己父母的形象，这让我对他这次的咨询效果产生了怀疑。

原生家庭对孩子的影响是必然存在的，这并不意味着是对父母的否定。我在治疗过程中也一直强调"父母所给予子女的一定是他们能力范围内最好的"这样一个观点。但是他对原生家庭问题的态度并不因此而有所改变。我只能说，S母亲对他的影响一直都在，并且根深蒂固。同时也能看到，S对自己的原生家庭、对父母也很依赖。一方面他要治疗由原生家庭带来的心理问题，另一方面有问题的时候他又想躲进那个家庭，躲在父母的背后，不去直面问题。这样问题就很难从根本上得到解决。而且可能出于自我保护的目的，可以明显感觉到S母亲对他思想和行为的强烈控制，并且对他的治疗情况相当敏感。S和父母之间的关系正如他在另一次的意象中所呈现出来的，是一种胶状的黏着状态，撕也撕不开，扯也扯不断。这正是他问题的根源所在。据S反映，每次做完咨询之后的两三天内他的情绪会很好，但是过了这几天又会恢复原来的样子。这说明根源上的问题不彻底解决，我对他的治疗可能会前功尽弃。

好在S对我是信赖的，认可的，我们的咨访关系建立得很好。对于我教他的如何去和人沟通，如何跳出情绪去分析自己的情绪等一些可操作的方法，他都一一照做。他的社交状态里开始出现"情况在一步步好转，相信会越来越好……"这样的字眼。尽管受各种因素的影响，对S的治疗并不是那么彻底，但S已经很满足。他在QQ上给我留言，说他以前一个很要好的同学从国外回来，他们见面聊得很好，自己受到同学积极情绪的影响，似乎正在找回那种无忧无虑的感觉。

有句话说，父母的控制欲，是一个家庭里最大的灾难。中国家庭重亲情，却缺乏界限感，很多家长都有这样一种隐藏在骨子里的对孩子的控制欲。他们打着"为你好"的旗号，360度全方位无死角地窥探着子女的隐私，控制着子女的人生。

父母需要随时掌握和控制孩子的情绪、行为乃至未来，为此，他们不惜用暴力及各种讥讽、侮辱性的语言来羞辱自己的孩子，或用温存的方式来控制孩子，以此来满足自己对于操纵子女人生的快感需求；同时也通过控制子女来释放压力，控制情绪，改变心情。

他们很怕孩子独立，因为独立意味着离开。一旦孩子离开自己，在他们看来就和自己没有什么关系了，就不是自己的了，这对他们来说很可怕。为了不失去自己的孩子，他们往往将这种控制和奉献捆绑在一起，他们"以爱为名"，用父母的权威逼迫孩子按照他们的要求和设定的目标成长，完全无视孩子也是一个独立的个体。这样的孩子在父母眼里的唯一价值，就是体现父母教育的成功，并为他们挣下面子，在他们的鞭策下，成为他们所希望成为的那种人。而他们中绝大多数因为觉察不到自己是在控制孩子的人生，所以理直气壮地认为这是"为你好"。

S便是一个因为父母过度控制进而引发严重心理障碍的典型案例。可以看出，S在家庭中没有任何的个人空间，即使已经远离父母来到北京读书，但是几乎在所有事情的处理上仍然要听命于父母，仍然无法摆脱妈妈对自己的远程控制，即使是解决因为原生家庭问题带来的困扰这样事关父母的问题。

伦敦大学有一项研究结果表明，原生家庭中父母的控制行为和孩子以后生活中的心理健康问题之间存在密切关联。家长控制欲过强，对孩子幸福感造成的负面影响，与痛失至亲产生的负面影响程度相近。过度的控制，使孩子无法形成独立的人格，难以培养出解决问题的能力，甚至连社交恋爱都成问题。

怎样才能避免让爱变成伤害？英国心理学家克莱尔说过：父母真正的成功，就是让孩子尽早作为一个独立的个体，从你的生命中分离出去。父母最需要控制的不是孩子，而是自己那颗自以为"为孩子好"的心。而要想摆脱控制欲强的父母，子女首先要做的是坚定地分清边界，即明确哪些事是自己的事，哪些事是别人的事，学会为自己的行为负责，为自己的选择买单。

希望S可以从被父母控制的樊篱中一步步走出来，并且能够管理好自己的情绪，看懂自己的内心。也希望他的父母能对他少一点控制和束缚，还给已经长大的孩子一个真正属于自己的人生。

3. 不敢表达，是因为曾经不被允许表达

不被允许表达的结果或者是不表达，或者是不知道表达什么，或者是不知道怎么表达。

过去很长的一段时间里，我在别人的眼里都是一个少言寡语的人，一般只负责听，说都是别人的事儿。事实上和一些谈得来的朋友在一起，或者是大家谈到了什么我感兴趣的话题，我还是会偶尔加入进去表达一下自己的观点的。但是这样的时候很少，我很发怵去应付生活中形形色色或熟悉或陌生的人之间的你来我往、人情世故。尤其是当面对那些伶牙俐齿，说话真真假假的人，我就会想要退避三舍，因为很多时候我不知道他们说话的真实意思是什么，很容易就会把他们说的玩笑话当真。

这样的人一般心眼儿比较实，如果心地善良，会是大家公认的老实人，并且懂事，让人比较放心；如果有点愣，可能做事就会莽撞，容易惹祸。

我属于前者。从小到大，我都是规规矩矩、安安稳稳、按照大人的要求读书和生活，思想很单纯，也没觉得有哪里不对。直到高中毕业前夕，有一天我们一帮女同学陪其中一位同

学去她很快要结婚的姐姐那里办点事。当时她的姐姐不在，等候时同学们就嘻嘻哈哈很热烈地谈论有关结婚的事。起初我只是有点感叹她们懂得可真多，婚嫁方面的事也能谈得这么热闹。后来同学们很自然地对那位同学说："那你姐姐的新衣服以后不穿了就可以送给你穿了。"那位同学听了把嘴一撇，马上摇头说："我才不穿她剩的，送我就得给我买新的。"

这句话让我惊掉了下巴，第一反应是：还可以这样说话吗？姐姐给她衣服她敢不要？那不是嫌弃吗？不是不识好歹吗？不要就算了，还要求买新的？她怎么那么大胆子？她真能做得出来吗？

同学的这句话对我触动很大，完全颠覆了我之前对于"说话"这件事的认知。这次以后，我开始思考我一直以来的说话方式，和别人沟通当中存在的问题。我为什么不太喜欢和人说话？为什么在沟通中会有不太舒服、想要逃避的感觉？我在和人说话时是不是过于在意别人的感受了？是不是太过于谨小慎微、太怕说错话了？这样的说话方式是怎样形成的？

一个人与他人的沟通方式和习惯，是幼时在原生家庭中与最初的养育者也就是父母的交流互动中形成的。成年后与他人的交往和交流方式，实际上就是幼年时和父母互动模式的再现。如果最初与父母的交流是顺畅的、被尊重的、被鼓励和赞赏的，这个人以后在和他人的交往中自然也会充满自信、敢于也善于表达；如果最初与父母以及其他重要抚养人的交流总是不被允许，总是被嘲笑，或者与其他人的交流总是因为种种原因被制止，那么这个人就会在潜意识里接受自己不可以乱说话这样的规则，以后在与他人的交往中，在语言表达上就会有很多顾忌，羞于表达，也不善表达。

我的母亲最初对小孩子是无感的，且不太喜欢孩子发出声音，所以，几乎从我出生起表达的欲望就被压制下去了，即不允许哭。这也就意味着既不能提要求，也不能表达情绪。据说我小的时候像个哑巴，轻易不出声。而且，我的家庭规则又是鼓励听话并忌讳在人前表现自己的。这样就形成了我不善于运用语言交流的性格特点。

不被允许表达的结果就是，或者不表达，或者不知道表达什么，或者不知道怎么去表达。当这种规则传承愈演愈烈，就会变得不敢说，怕说错，怕被批评，或者不敢大声说，也不知道自己可以说什么不可以说什么了，于是与人的交流只剩下了附和。

实际上，这不单单是表达和沟通的问题，或者怎么说话的问题，而是是否被允许、是否有资格、是否有说话的自由、是否可以提出异议和要求的问题。在当事者的心理上则存在着怕被讨厌、怕被拒绝、怕得罪别人等种种低自尊的表现，以及对他人绝对的服从。

因为说话不只是闲聊，所有的问题、要求都需要用语言进行沟通。如果一个人在幼年、童年时期对需求的表达总是被粗暴地制止，或被无端地嘲笑，慢慢地他就会默认自己没有说话和提要求的权利，只能无条件接受父母所给予的，不管自己是否需要都绝不能嫌弃。这在传统的家庭里是懂事的表现。

在家服从于家长，在外面自然是服从于他人。所以当别人向自己提出任何要求时，会习惯性地答应，而根本顾及不到自己是否愿意、是否喜欢、实际情况是否允许、自己是否有能力做到，即使想要拒绝，也不知道如何拒绝。如果实在无法满足对方的要求也不能坦然面对，要么担心对方会对自己有意见，有严重的愧疚心理；要么会抱怨对方太过分，以致产生不满。

心理畅销书作家武志红说过这样一句话：懂事，也许是一种很深的绝望。因为健康的孩子必然有活力，而有活力的表现就是要能发出他高兴和不高兴的声音，提出他合理或不合理的要求。而乖孩子是不能提要求、不能发出声音的孩子。在童年时期，因为孩子的思想比较简单，只要吃好玩好，其他的问题不太容易暴露，关于表达的问题形成习惯，也没有什么大碍。但是到了十三四岁青春期的时候，思想开始发生变化，想法越来越多，行为上开始和社会发生连接，为以后走上社会做准备。这时候问题就出现了。

问题不单是青春期的叛逆，因为叛逆是从未成年人成长为一个成年人必然要经过的阶段，是我们从家庭走向社会的一个过渡。出问题的，恰恰是那些几乎没有什么叛逆表现的人。他们看起来一切如常，一直是家里的乖宝宝，然而走上社会后就会发现，他们很难像别人那样自然地与社会连接，他们与外面的世界就像隔了千山万水，不能使自己很好地融入进去。

我曾一直认为自己是没有青春期的，一如既往地听话，按部就班地做事，从小到大似乎没发生什么变化。但是实际上在内心深处，在别人看不到的地方，我大量地吸收着来自外界的信息，并在一些自己深有感触的领域加入很多自己的思考，比如如何教育孩子的问题。

也就是说，当我一进入青春期最早开始思索的几个主要问题，就是与我现在的工作相关的家庭教育和学校教育的问题。我的叛逆也许就表现在对父母和个别老师教育问题上的一些反思：如果我是家长，我一定不会这样对待我的孩子；如果我是老师，我一定要对我的学生……也许从那个时候开始，做亲子教育这项工作的种子就已经种下了。

这里想要告诉大家的是，学会在沟通中直抒胸臆、直接表达，会给今后的人际交往和家庭生活减少很多麻烦和不快。但是有些人习惯于含蓄表达，或羞于表达。他们往往是心地善良、不愿给人添麻烦、轻易不求人的。而能听懂他们的弦外之音并肯主动为之提供帮助和需求的人，也一定是与他关系很好、彼此了解、熟悉，并且同样是心地善良的。

这也许意味着，那些善良且具有较强觉察力的人，可能都具备做一个心理咨询师的潜质。因为他们愿意去看到对方语言背后的东西，愿意去共情，并为对方提供所需要的帮助。

4. "听话"教育怎样束缚了一个人的手脚？

不要责怪工作不主动的人，如果他只能很好地服从，那他可能只是大脑被困住了。

M是一家广告公司的员工，他来咨询是因为工作总是不顺利，要么很快就被辞退，要么工资收入很低，在公司和同事比起来，总有一种被歧视的感觉。在M看来，有些方面他比很多同事做得都要好，明明是一个很好的员工，却总是不被认可，不知道问题到底出在哪里。

深入了解发现，这也是一个被教育"听话"到完全没有自我的来访者。M在公司就像一块砖，可以说哪里需要往哪儿搬，并且无怨无悔，兢兢业业，领导让做什么就做什么，同事需要帮忙他也总是随叫随到。这也是他觉得自己是个好员工的原因。然而，领导交给他的任务都是比较琐碎、无关紧要的工作，而且很多都是在配合别人。这似乎很影响他的收入。而且看着别人每天忙忙碌碌做着一些重要的事，唯独他像个打杂的，他的心里也感到了些许不舒服，不知道自己的价值在哪里。M说他也很想像别人那样做一些更重要的工作，他相信自己是可以做好的，但是又不知道这些工作从哪里来，不知道为什么领导总是不分配他一些重要的工作任务。

我问他是否主动去争取过他所认为的重要工作，他说没有。我又问他在项目会议、工作讨论的时候是否发过言，发表自己的意见和看法呢。也没有。除了这些需要语言表达的观点性的东西，在具体的工作中，除了做好自己被分配的工作任务以外，是否在核心的工作内容上对领导或同事有过切实的帮助呢？M说：他们都没有人让我做，没有人问我，我怎么能随便插手呢？

这就是问题所在了。我对他说：你从来没有表达过你想要做一些重要工作的意愿，也没有表现出你可以做这些工作的能力，没有提出过任何关于这些工作的意见和想法，也没有主动地去尝试做出一些成绩来让领导看到，领导凭什么要把重要的工作交给你去做呢？

M的回答是：难道不是应该领导先把工作任务分配给我，我才能去做吗？我擅自去做领导会允许吗？他不会生气吗？我如果自己去找领导要工作，难道不会被骂？被挖苦不自量力？

从M的回答中很明显可以看出他在原生家庭当中和父母的关系，以及他做事情的时候，他父母的态度是怎样的。M讲述了童年时期在动手能力和自主性上被父母的各种管制。因为怕摔坏东西，他不能碰那些瓶瓶罐罐的器皿；因为怕弄脏了衣服，他不可以在下过雨地面还没干的时候去外面活动；因为怕弄坏了鞋子，他走路必须板板正正，脚丫不能有任何的扭动、歪斜；因为怕越帮越忙，他不能随便插手做任何他想尝试的家务和手工，比如扫地、包饺子、摘菜、剥蒜，否则就会被呵斥"谁让你弄的？"或被打。所以M虽然是个男孩子，但是看上去却安安静静、规规矩矩，一点儿男孩子的调皮劲儿都没有。

但是当父母要他去做事情的时候，比如去把垃圾倒掉，把灯关掉，他又必须马上就去，不能有半点儿拖延。有一次爸爸让他递一个工具他晚了一步，于是遭到爸爸的讥笑：边儿去，没用的东西。从此对于爸爸的指令他再不敢怠慢。

然而问题是，父母对他的约束并没有一定的规律，更不是在制定规则。他们似乎只是为了自己当下的需要或者为了发泄自己的情绪才批评他这也不行那也不行，或对他有各种要求。因此他们的要求都是随机的，这次可以的，下次也许就不行；这次不被允许的，下次就可以了。这让M无所适从，做事情显得缩手缩脚，完全不知道怎么做才是正确的。所以M的日常状态一般都是老老实实在家待着，老老实实玩同一个玩具，想要换一个玩具都要先请示父母。

但是捣乱是孩子的天性，是活力和生命力的表现。一个孩子，尤其是一个男孩子，如果从来都不捣乱，不给父母添麻烦，那只能说明他生命中最重要的东西已经被磨没了，这不是一个正常孩子的表现。我们说，一个没有真正当过小孩的人是很难真正成为大人的。在他小时候家长可能会觉得很轻松，长大进入社会以后就带来一个致命的硬伤：因为他不知道如何积极主动地去工作。他面对领导的时候，就像小时候面对他的父母一样，谨小慎微，小心翼翼，不敢越雷池半步，很怕哪里做错了被领导责备，更不敢主动要求什么，害怕被领导挖苦。

如果是在二三十年前，工作任务比较单一时，这样的人做一份日复一日重复的工作是没有问题的，而且对于很多工作单位来说，听话又不讲条件的员工还是很受欢迎的一类人，甚至还可能被评为劳动模范。而在今天这个多元化的社会，几乎任何工作都需要人的灵活性、创造性，以及创新能力，这就使这部分人完全失去了可以发挥的空间，尤其是在大城市。所以他们可能在小城市或农村简单打一份工还比较容易一点，如果到大城市去闯荡，可能会处处碰壁，很快体会到社会的险恶和艰难。

中国的家庭教育习惯于教导孩子"听话"，这就意味着孩子在家里是由父母来监督的。当孩子进入学校，又开始由老师监督。走上社会后，习惯了被监督的孩子一旦没有人监督，就可能会要小聪明走捷径，触犯规则。很多出国旅游者给外国人留下"中国人不守规矩"的印象就证明了这一点。而那些被严格控制，在年幼时就被教育得特别"听话"的孩子则完全失去了自我，没有人发出指令他们就不知道自己该如何行动了。

所以，家长教育孩子不应以"听话"为目标，而要让孩子知道规则是什么，规则在哪里。家有家规，校有校规，社会上更有各种各样的规则需要遵守。在规则允许的范围内，勇敢地做自己，而不是走到哪里都看人脸色，只会根据权威者的命令行事。

在工作上，"听话"的另一个代名词就是做事被动。那些特别听话的人大都只能做一些比较简单的工作，具有创新性的工作、需要和外界打交道的工作，一般都不会落到他们头上。因为他们不具备这样的能力，他们没有自己的想法，大脑是跟着别人走的，因此不能委以重任。甚至可能在一般的工作表现上都会很被动，因为他们不知道自己该做什么，只会等待分配任务，这就很容易给人留下工作不积极主动、态度有问题的印象，对一个员工来说是大忌。因为这是最起码的工作素养问题。公司要的是工作有闯劲儿、能带来利润价值的员工。公司中那些所谓便利贴员工多是这样的人，他们容易被人呼来唤去，自己还无法拒绝，到最后活儿干了不少，却得不到领导的认可，于是只能打包走人。

德国心理学家海查的一个非常著名的实验表明，2~5岁时有强烈反抗倾向的儿童在长大以后84%的人意志坚强有主见，更具有独立分析和做出决断的能力；而那些没有反抗倾向的孩子在长大以后则仅有26%的比例具备这种品质和能力。

其实我们仔细想一下就可以发现，很多名人小时候都是很淘气、不听话的孩子，我们身边那些长大有出息的孩子童年时也多给人调皮捣蛋的印象。而那些小时候被训练地特别听话的孩子，长大以后却可能更不省心，最多是默默无闻，过着平庸的生活。

在孩子的幼年时期，我们需要培养孩子的主动性和独立动手能力，这需要家长对孩子该放手时就放手。父母可以引导孩子，但不能代替孩子；只需要让他知道规则，知道是非，其他无须事事代劳，也不要限制太多。同时，我们还要充分尊重孩子自发的探索行为，这是他们创造力和创新力的来源。绝对服从的教育，不但会使孩子没有主见、做事不主动，进入社会后不利于自身发展，极端者还容易形成反社会人格。

试想一下，一个人如果所有的事情都是由父母来做主，那么他这一辈子岂不是白来世上一遭？一个人如果不论做什么都只能根据别人的安排去做，那这个人的生活该有多无趣？想一想孩子原本可以有属于自己的精彩人生，却在幼年时被父母用"听话"两字彻底断送，而自己只能在不断否定自我、抗拒别人和各种纠结的关系中艰难跋涉，你还会想要掌控孩子的一切吗？

特别听话的孩子，以后想做个普通员工都难。如果你的身边有这样的人，不要轻易去责怪他们，如果他只能服从而无法主动去承担什么，那他很可能是大脑被困住了，也许他正需要你的帮助。

5. 为什么收拾烂摊子的总是你？

1.我没有选择的权利；2.我没有拒绝的能力；3.替别人擦屁股是我的责任。

不知道大家有没有发现这样一个事实，就是在任何一个单位或公司都会有这样一些人，同样的部门、同样的工作性质，大多数人都不愿意干的事情总是由这部分人来做；别人干砸了的事情需要有人来收拾烂摊子，即使他们远远躲开，也会有领导想到他们，或者有同事找到他们，而他们退无可退，无奈之下只好心不甘情不愿地去为别人擦屁股，成为接盘侠，或者去做自己同样不想做的吃力不讨好的工作。

我的一位女性来访者对我说过这样一件事：因为工作关系，他们需要两个人一组搭档，当时确定和她搭档的是一位业务能力较好、经验丰富、人也聪明帅气的男同事。这位来访者（我们暂且称她为小Q）本来很高兴，因为需要出去谈业务，人员各方面素质还是很重要的。但是还没有高兴几分钟，小Q就被领导叫去谈话，问她是否可以和另外一位同事的搭档对换，因为那位同事对自己的搭档不满意，哭着去找领导要求换人，领导没有办法，所以才把小Q找来。

那位同事原本的搭档是一个入职不久的新手，人也有点木讷。听说那位同事哭着去找领导的时候，她就有一种不祥的预感，但是当领导亲口对她说出让她调换搭档的时候，她还是有一种心被人扔在地上踩下去的感觉，有个念头不断在心里回响：为什么受伤的总是我？虽然领导用的是商量的语气，但是自己知道无法拒绝，只能带着很大的委屈答应了换人。

小Q是一个非常善良的人，她说那个搭档其实人不错，他们在后来的工作中关系也一直很好，但是这种调换的行为让她感到极度的不舒服。

按理说这不是一件多么大不了的事，换个搭档也无所谓，为此不高兴还显得自己不够大度。她说她也不知道为什么会有这么大的情绪。如果从一开始就分配他们两人一组，她可能不会有这么强烈的感觉，因为她一直习惯这样，不管是什么，属于她的总是别人不愿意要的，她也不习惯去挑拣，而且她确实可以和任何人合作，可以从任何事物上面发现可爱的或有用的价值。但是现在这样一换，就像一个上幼儿园的小朋友，老师每次发苹果都给她剩下的最小的，皱皱巴巴的那个，虽然这个小朋友也会偶尔看一眼别的小朋友手上的大苹果，但是也并不在意。

忽然有一天，老师无意中给了她一个又红又大的苹果，这让她非常惊喜。然而她正高兴的时候，那个大红苹果又被老师拿走给了一个哭闹的孩子，并把那个孩子手中又小又丑的苹果给了她……那是一种非常大的心理落差引起的不适。小Q的自我觉察能力很强，她无意中用一种专业的叙述方式非常准确地描述了自己当时的心情。

通过询问我了解到，小Q在家中排行老大，在家族中也是排行老大，除了自己有一个弟弟和一个妹妹之外，堂弟妹、表弟妹还有一大堆。小Q从小就被要求让着弟弟妹妹，不管手里拿着吃的还是玩的东西，只要弟妹想要，都要无条件地给他们。当弟弟妹妹越来越多时，她需要礼让的人也就越来越多了，而在父母面前，她也没有任何权利，只有无条件的服从。这就意味着，小Q无论面对任何人，都没有任何权利，都只能以对方优先。这种一味地被动忍让与主动的礼貌谦恭完全是两码事。据她自己回忆，学生时代上体育课打篮球，她只会排着队上篮，只要分班打就会自动退出，因为她不会抢，看到别人过来抢球，她会下意识地想要把手里的球主动递给对方……

这听起来像笑话，却是小Q的真实生活。在原生家庭当中，她的攻击性似乎完全没有发展出来，所以工作中总是不被考虑感受、总是"被欺负"就很正常了。因为人和事都是互相吸引的，一个人在原生家庭中发展出来的特质，在走上社会以后会很自然地吸引同类事情的发生。原因是，首先这个人就把自己放在了那个位置，然后其他人会很敏锐地感知到这个人可以放在一个什么样的位置，可以对他做一些什么样的事。小Q这样的人在生活中往往被认为"懂事"，在工作上就是那个"顾全大局"的人。

至于为什么小Q平时对于自己的不公正待遇习以为常，唯独这件调换的事却触发了她很大的情绪，这里涉及一个情绪按钮的问题，后面我们会专门讲。简单来说，小Q对于这种不公的不满和委屈其实一直是压抑在心里的，她也有自己的想法和要求，也想要一个理想的搭档和一个又大又红的苹果。但是童年时期她在原生家庭已经形成这样的潜意识，即自己是没有资格提要求和需求的，只能被动接受。所以当她被不公正对待时并不会有太多其他想法。而当有一天她拿到了一个又大又红的苹果，这激发了她最原始的对拥有一个又大又红的苹果的向往。然而，苹果的调换击中了她的那个强烈的情绪按钮，彻底打碎了她想要拥有一个大红苹果的美梦。

兄弟姐妹中排行老大的人本来应该体现的是责任和担当。长兄如父，长姐如母，他们在得到父母足够的或同样的爱的滋养的前提下，可以辅助父母，管理弟妹，当然也包括需要的时候主动把自己的那部分或更好的一部分让给弟妹，因为他们有权利、有安全感，也有信心，从而在家庭中锻炼出相应的工作能力和责任意识。那些在社会上责任感强、有魄力有担当、做出突出贡献的人，很多都是家中的老大。

然而很多的家庭却把长子或长女培养成了没有自我、只会谦让、奉献、委屈自己，而无任何魄力与驾驭能力的懦弱者，也就是所谓的"老实人"。也可以说，他们在潜意识里默认，辅助别人、顺从别人、替别人擦屁股，就是他们的责任。

民间有言：老大憨，老二奸，老三登个梯子能上天。反而是老二、老三在特殊的排行位置发展出头脑灵活、办事果断等一些积极的特质。而长子长女，不但因为幼年得到的关爱被过早完全转移到弟妹身上而被忽视，长期被过多要求，同时还背负着很大的心理压力，有些人在成年后甚至出现严重的心理问题。好在现在这样的情况正在减少，人们在有了二胎后越来越重视老大的心理状态。

类似的事情还出现在日常生活中，比如我的一个朋友提到的一种情况。他和几个同事去外地总部培训，按照中国人的习惯，每次在食堂吃饭或者在街边吃小吃，他们几个总是抢着付账。朋友很不喜欢这样，当别人像打架一样往前挤着要付账时，他会本能地往旁边躲。这是一种面对争抢时的下意识行为，和是否愿意付账无关。而且他也并不想占别人便宜，所以宁肯AA觉得更省心一些。但是环境如此，他也没有办法，不能太鹤立鸡群了。有一次他们在饭店吃完饭结账时，朋友照例快步去前台抢付，当他付完钱才注意到，身边竟然空荡荡没有人和他抢，回过头来发现男同事们拿着钱夹子在手里摆弄，好像没有抢到无奈放回去的样子；女同事则早已收刀入鞘在一边聊天了。这时候朋友心里有一丝异样，似乎刚刚明白过来原来他们抢着付账只限于在食堂或者吃街边摊。从此他对抢付账这件事有了新的认识。

我这位朋友和小Q涉及的问题其实都属于缺少生命中最原始的能量之一，即攻击性。他们在外面没有存在感，觉得自己没有资格，没有权利，也没有拒绝别人的能力。他们在原生家庭成长的过程中因为被各种限制和控制，没有习得人和人之间正常沟通、交往的能力，缺乏对人性以及人的各种情绪反应、心理状态的了解及应对，所以在生活和工作中会很容易遇到一些情绪心理和关系处理方面的问题。

6. 当你躲避领导时是在躲避什么？

你对领导的戒备和提防，实际是对父母的戒备和提防。

能在人前一展身手，希望被认可和肯定，这是多数人的普遍心理，每个人都需要在某些方面去体现自身的价值，这样活着才有意义。但是人的价值是通过他日常所做的事情来体现的，当一个人的能力很强，可以做很多事情，或者可以做很多人做不来的事情时，这个人的价值就很不一般了。但是如果既想被认可，又不想让别人看到自己做事，比如有的人习惯于一个人偷偷地做事，而无法在别人的注视下进行，只有事情做完才肯让别人知道。如果这种情况很严重，就成为问题了。

我的来访者Z就遇到了这样的问题。

Z在一家事业单位上班，工作不累，收入也可以。唯一不足的是，工作了近二十年，勤勤恳恳、兢兢业业，平心而论在单位也算是老资格了，可就是一直原地踏步，升职这种事似乎压根儿就与她无缘，甚至是日常工作都很难听到领导的一句肯定。

Z是那种不太爱和领导搭讪、见了领导躲着走的员工，作为一位女性，她只希望认认真真做事，踏踏实实生活，也没有想过事业一定要怎么样。但是Z担心的是给领导留下不好的印象，会对她的工资收入以及以后的退休问题带来影响。因为她觉得自己本来就不是一个会在领导面前刻意表现的人，相反地，只要领导来到办公室，或者只是房门开着可能出现，她都很难静下心来专心做自己的事。于是干脆停下来东摸摸西看看，等领导走了，或者身边没人了，自己再专心工作，甚至很多时候只能在晚上工作。所以她的工作虽看起来没有什么问题，分配的工作都能完成，甚至可能完成得还不错，但是给人的印象却是干活儿少，工作不努力，当然更难以担大任。

之所以到现在才来咨询，是因为Z以前没觉得这是个问题，而且之前也不知道去哪里咨询。在吃了很多的亏之后，她觉察到自己的这个习惯有些不对劲，别人似乎都不像她这样，所以想要弄明白自己为什么会这样。

我们很多人可能都有过这样的体验，当坐在办公桌前工作时，如果背后站了一个人，不管是否看着自己，都会觉得如芒在背，非常不自在。这种反应是正常的。排除陌生人带来的安全感问题，排除正常讨论工作需要面对同一份文案，我们这里讨论的仅限于和正在做的工作不相干、但是又比较熟悉的人站在背后，领导当然是其中更重要的人。这时候心理越强大的人，受此影响越小，只有极少数人在这种情况下还能够面不改色心不跳，"旁若无人"地工作。这可以说是一种自信心的表现，心理素质极好。而像Z那样，只要办公室有领导的影子，甚至只要门开着知道领导在，想到领导随时可以进来就无法正常工作，就有必要深究一下根源了。

经过了解得知，Z虽然也是一把年纪的人，有自己的家庭和孩子，但是在她的原生家庭里她是独生女，她的妈妈独自带着她，把她视为生活的唯一，对她的一举一动都要了如指掌，不允许她有丝毫的隐藏。不仅如此，小时候每当她做什么事情，妈妈都要在一旁发表议论，要么把她的游戏或劳动说得一无是处，要么就是因为什么事情直接中断她手里的动作。因此她从来没有在妈妈的眼皮底下完整完成一件事，不管是叠一个纸蝴蝶，还是算一道数学题。这样，Z在妈妈的面前习惯了什么都不做，这样会少挨批评，避免了做什么都无法完成的挫败感。如果她实在想做，或者需要做，就找个单独的房间或相对封闭的空间悄悄去做。

即使这样，也不能挡住妈妈监督她的眼睛。因为以前家里房间的门都是没有锁的，她常常在正聚精会神做事情的时候被突然推门而入的妈妈和同时发出的吼叫声吓得心里突突跳。所以Z慢慢养成了做什么事都偷偷地背着妈妈的习惯，即使是妈妈希望她做的事情也是一样。只要妈妈在，只要不是自己认为绝对安全的地方，她都不会做任何事情，而且不管做什么都不习惯让别人看到过程，除非做好了拿出来。这样即使挨骂，至少不会被打断，如果做得好，还有可能被看到的人夸奖。长大后Z还因为把自己锁在自己的房间偷偷裁剪衣服被妈妈骂，因为她没办法开门进来。但是Z却很开心，很有成就感。

这就可以发现Z在工作时受领导存在的影响如此严重的原因。当Z工作时，潜意识里领导其实就成为她妈妈的角色。当看到领导来办公室，她会本能地绷紧了神经，提防领导看到她正在做的工作会毫不留情地提出批评，就像妈妈看到她正在做的手工刻薄地贬低一样。当她知道领导在单位，随时有可能到办公室来，就会马上紧张起来，担心领导会像不速之客一样突然进来，毫不客气地打断她的工作，就像妈妈怒气冲冲地突然推门而入，再把她在胆战心惊中辛辛苦苦做的半成品毫不留情地毁掉一样。而她又不能有单独属于自己的房间把门锁起来工作。

所以Z对领导的抵触，实际上就是对妈妈的抵触；对领导的提防，就是对妈妈的提防。在对Z的一次催眠治疗中，她的童年时代几乎到处都是妈妈对她监视的眼睛，院子里、门后面、窗户外……让她无所遁形。同样的，当知道领导在单位的时候，潜意识里感受到的就是妈妈那双监视她的、随时都会看到瑕疵的不满的眼睛。在这样的心理作用下，她无论如何也难以静下心来工作。

父母的控制欲是一个家庭最大的灾难，也是子女出现问题的最大根源。父母对孩子的控制手段可以说五花八门，不管是以爱的名义，还是自虐式苦情控制；不管是精神控制，还是对子女肉体的禁锢。这种对子女的控制看似是对子女的爱与重视，实际上是对孩子的一种深深的忽视。因为他们看不到孩子心理上的惶恐和害怕，看不到他们学习上真正的困难，更看不到孩子成长需要什么样的精神营养。他们看不到孩子是一个独立的人，或者说即使心里知道，也当作没看到。因为在他们看来孩子一旦独立了，就意味着父母没用了，这对他们来说是很可怕的一件事，是长辈对于晚辈最深的内心恐惧之一。

所以当我们在听一些家长说"孩子离不开我们，需要我们的照顾"时，要先搞清楚，是孩子离不开大人，还是大人离不开孩子，又或者是因为大人离不开孩子导致孩子出现问题而离不开大人。

当父母对孩子的控制由隐性发展到像Z的妈妈那样明目张胆不留一丝缝隙、没有一点个人空间时，这些除了会给子女造成心理上的伤害，导致他们日后在婚姻和工作上出现一系列问题，还会使他们退避三舍，想方设法远离父母，远离原生家庭，想办法脱离父母的控制，去寻找自己的人生。不如此，他们也无法真正长大，他们长不大，也就不可能对父母有真正的回报，有的，只会是意想不到的悲剧。

实际上，孩子的独立，既不会让父母真的失去孩子，也不会让父母变得没有用。父母要和孩子去建立"连接"，而不是"控制"孩子。

"连接"与"控制"的最大区别在于，"连接"是温柔的注视，会真正关注另一个生命的喜怒哀乐，并根据对方的实际状况，在自己与之互动时不断做出调整。对于亲子关系来说，"连接"就像放风筝，给他足够广阔的空间，只需把握一定的方向。

而"控制"是僵死的，是亦步亦趋的，是一方只能跟着另一方的脚步、按照另一方划定的路线走，并且控制的一方要随时体验可能失控的焦虑。被控制的一方则要么完全成了木偶，要么随时伺机逃跑，在这种紧张僵化的气氛中，甚至连自由呼吸都成为奢侈的事情。

当父母能够抛掉这根对子女捆绑和控制的"绳索"时，在心理上允许孩子和自己之间有那么一点距离，给孩子一个适当的活动空间，才有可能看清孩子作为一个独立生命的存在，也才能使彼此更顺畅、自由地呼吸。

但愿这种可以自由呼吸的亲子关系不再是孩子的奢望。

7. 我不好，我不行，我不能

废掉一个孩子的最好办法莫过于对他们进行贬低和打击。

生活中我们经常会看到这样一些人，他们开会坐角落，走路溜墙根儿，甚至说话都很小声。你如果让他在众人面前讲话，他马上会连连摆手："不行不行不行"；你夸他做出的成绩和努力，他会本能且害羞地岔开话题，似乎极力想把自己的成绩抹掉，让自己变成透明人。

他们看起来人畜无害，人缘很好，和人少有纠纷，与世无争地生活在自己平平淡淡的小世界里。和那些个性张扬、勇于展现自我的人相比，这些人的原生家庭是怎样的？他们的童年又经历了什么？他们内心真的如外表所表现的波澜不惊、平静如水吗？

我的一位女性来访者和我讲过这样一件事：单位有个很好的出差学习的机会，部门有意把一个名额给她，结果被她无意中让出去了。实际上她是很想去外面学习增长一下见识的。部门开会确定人员的时候，她本来是第一人选，但是因为出去学习还有另外的合作项目要谈，她就有点发怵，担心自己做不好，犹豫的工夫被另一个同事自告奋勇抢先了。这件事一直让她如鲠在喉，后悔莫及。

这样的事对她来说已经不止一次，很多机会都这样让她一次次下意识地给放弃了。直到有一次由于她不敢直言差点儿给公司造成损失。

事情是这样的，工作时她无意中发现设计图纸上的一个数据错误，她犹豫着没有上报，差点儿酿成大错，被领导狠狠批评了一顿。但她只是不确定是不是需要她去汇报，脑子里浮现的是无数个问号：也许设计人员自己知道会修改呢？也可能别人已经发现上报了呢？我又不是专业人员，如果提醒设计不会遭白眼吗？上报领导的话万一是我搞错了呢？我本来就不如别人，哪儿有资格给别人挑错？

各种念头在女孩的脑海里闪过，但她就是不敢直截了当地提出来。最后，这份设计方案就这样拿给了甲方，被对方发现提出了质疑，差点失去了这次重要的合作。为此老板很生气，追查责任时连带女孩一通批评。可是女孩并不觉得自己有过错，她认为自己的顾虑是有道理的，没有人告诉她她的职责范围到底在哪里，她心里也着急，希望不要出问题，却又觉得那不是她该管的事，也不知道该如何管。

虽然如此，她还是觉得这对她来说是一个很大的问题，毕竟对她的工作和事业发展造成了一些影响，所以想要通过咨询来彻底解决这个问题。

知道了有危险，发现了有问题，想到了好办法，有个新点子，但是这些都只是藏在心里，却不敢把自己的意见、建议或质疑提出来。担心说错被批评，畏惧周围人的眼光，总之是各种顾虑阻止他们去主动做些什么。这样的人潜意识里总有个声音在说：哪里有你说话的份儿？说错了丢不丢人？

他们的自我价值感极低，存在感很弱，是那些开会绝不会坐在第一排的人。他们凡事都习惯往后退缩，甚至恨不得猫起来不让任何人看到，好像时刻在担心会挨骂。这样的人在幼年成长过程中一定是经历了太多的限制、贬低，甚至羞辱，生命力被封闭起来没有发展完善。就像来访的那个女孩，从她的成长经历可以发现，女孩是在母亲的斥责声中长大的，她妈妈会经常性、习惯性地说她什么都不会，只会添乱。所谓的添乱，包含了一个孩子成长中的所有正常的需求和帮助，比如要爸爸讲故事，让妈妈陪着玩，手里的玩具掉在了沙发缝里，吃东西弄洒了一地，所有的这些生活日常在她母亲那里都是添乱，是大人的包袱。哪怕她想参与爸妈的劳动，也是添乱。

妈妈会以各种理由打击她、讽刺她、羞辱她，让她觉得自己做不好任何事情，也没有资格做任何事情。所以从小到大她都是规规矩矩的，尽量不给父母添麻烦，也不会主动张罗什么事。但女孩其实非常优秀，不管是学习还是才艺，都有所长，而且长得也眉清目秀。但是在妈妈眼里，她似乎就是干啥都不行，就连相貌也有很多缺陷。

所以这个在别人眼里很不错的女孩内心其实是自卑的，觉得自己什么都不如别人，即使那些她有而别人没有、她会别人不会的，她也从不敢展示，怕被嘲笑。因为幼年时做的任何事情都被禁止，任何表达都被蔑视，于是就形成这样一种认知：我不好，我是被嫌弃的；我不行，我只是别人的麻烦；我不能做错事，否则会更讨人厌。因此不管在什么样的群体里她都只是远远地看着，除非有人招呼她才会参与进来，否则就只是一个旁观者。这样的性格特征在工作上是非常吃亏的。

但是没有哪个人会不希望得到爸妈的认可，不希望得到领导的好评。每个人都需要体现自我的人生价值。这位来访者却发现实现这一点很难。而她现在的表现似乎也正在验证着妈妈的话，即她就是不行。但是他们都没意识到，这正是因为孩子在成长的过程中践行着妈妈的话，在照妈妈说自己不好、不行的标准去做。

由此可以发现，很多父母打着教育孩子的旗号，却把原本聪明伶俐的孩子变成了他们所不希望的"废人"而不自知。

一个人的自信心和自尊来自幼年时期主要抚养人的鼓励、肯定和认可。在孩子幼时学习各项技能的时候，允许他们去发挥，去做他们想做的事，是在为以后步入社会的工作能力、态度、认知打基础。

记得一次我和单位同事去市剧院参加一个活动，活动开始前大家都已经在自己的位子上坐好。有对夫妻是带着五六岁的儿子来的。男孩子淘气，一直在舞台上跑来跑去、跳上跳下，这时孩子的爸爸大声喊他下来，不让他在台上乱跑。但是孩子妈妈也就是我的同事却说："玩一会儿呗，喊他干嘛，还没开始呢。"这就是一种允许。在环境许可的范围内做自己想做的事，去进行探索，再大的舞台、再多的人也不胆怯，不畏惧。当活动马上要开始，工作人员开始清理舞台时，同事才赶忙把儿子叫过来老老实实坐好。小家伙整个活动期间特别安静听话，这就是规矩。但是很多家长往往分不清什么是规则教育，什么又是控制，他们的心里本身对此就是模糊的。

说到这里，我们不妨了解一下关于原生家庭的一些潜规则。

每个家庭都会有一些家庭成员默认并遵守的看不见的规

则。在一个相对健康、功能健全的家庭里，规则是透明的，大家都清楚什么可以做，什么不可以做，什么事情需要怎么做，比如通常晚上几点是睡觉时间，吃饭必须等人到齐等。并且所有这些规则都可以灵活掌握，有商榷余地，家庭里的每一个人也都可以就具体问题和情况对规则提出修改意见，大家共同商议这个规则要怎样变动一下更好。

而在功能失调的家庭，很多规则是没有被明确说明的，但是每个家庭成员又都心照不宣地必须遵守。比如，在很多家庭里，孩子是不可以表达愤怒的，包括伤心、沮丧等情绪。虽然没有明确规定，但只要一出现这种情绪就会被责罚，令其停止，并且大家都不认为这有什么问题。其他常见的家庭规则还有：所有事情都追求完美，所做的任何事情都不允许出现失误和差错；不允许家庭成员有自由的思考、感受和想象，不能为自己的目标去冒险，一切都只允许有一种可能性；不交流，不公开讨论任何让这个家庭感到不安的情绪、想法或事情，使真正的问题被掩盖；等等。

一个功能失调的家庭可能同时存在着多条这样的潜规则，只是程度深浅不同。这些潜规则深深影响着我们，影响着我们和其他人的关系。我这位来访者的原生家庭其实就是具有典型的完美主义规则和不允许自由规则的家庭。这类家庭的父母对子女设置了各种各样的限制，但是又没有自己的原则和标准，而是完全活在别人的眼光里，将外界的评价作为自己的行为标准。但这种标准却并不真的存在，而要做到完美也是不可能的。

所以当我们在面对那些看似柔弱的外表时，不要只看他们表面上是否平静，因为他们的内心可能早已经翻江倒海了。只是他们不敢表达，也不善于表达。因为情绪没有渠道排解，很多时候他们无法使自己释怀，所以他们还很可能需要心理咨询师的帮助。否则严重的话，他们甚至会做出极端的事情，走上犯罪道路。

8. 爱也是一种需要——给孩子的爱留一个出口

归属与爱的需要是在满足了生理需要和安全需要这两个最基本需求之后，迈向更高精神需要的开始，是获得尊重和自我实现的基础。

我们知道有相当一部分人，甚至可以说是大多数人，在外面时比较注重礼貌、礼仪、修养、形象，把自己有涵养的一面全部给了外人，而面对家人时则完全失了耐心，变得粗俗无礼，甚至暴力。

这种情况可以理解。中国人好面子，在外面要保持良好的形象，也有利于做事。而家是港湾，如果再绷着就会很累，所以就会随心所欲。其实这不过是我们没有学会真正的沟通，不知道如何与家人和谐相处，因而总是使自己最亲的人受到伤害。很多人已经意识到这一点，并且知道通过学习和成长，家庭氛围会随着我们自身的改变而得到改善。

还有一种情况可能更加严重，那就不只是态度、关系的问题，而是具体到做事情也同样顾外不顾家，完全颠倒了做事应有的顺序和原则。这里的做事情可以理解为对家庭和他人的付出，或者说是"爱"的付出，包括良好的态度，还有体力、脑力和时间的付出，即各种操心劳力。这些本能的付出首先应该体现在家庭当中，但是有一些人只有面对外人时才能自发地启动这种付出机制。我的一位来访者就给我讲了这样一件事。

来访者是一对双胞胎中的姐姐，她因为弟弟总是擅自处理她的一些个人物品而苦恼。小时候习惯了一切都有父母去平衡，但是现在各自都成家立业了，这种情况却依旧没有改变。一般的物品也还好，这次弟弟帮一个朋友租房，她正好有一套多出来的旧房子，就同意以比较便宜的价格租出去。因为租房的人准备长租，所以想要把房子好好收拾一下。没想到弟弟听了，表示要把水暖电这些本没有什么问题的基础设施重新修缮更新，空调、冰箱、灯具、装饰也都要换新的，否则觉得对不住租房的人。这位来访者说，这以旧换新的钱肯定都要她出，问题是房子本身是完全可以住的，还没有挣到钱就先花这么多钱去装修装饰，把所有的都弄好了，租房的人还用自己收拾吗？而且，她收拾的租房子的人不见得就喜欢。

她把自己的想法告诉弟弟，弟弟却不爱听，为此两人搞得很不愉快。我的来访者很疑惑到底是她太计较，还是弟弟有什么问题？

作为一个想要多赚一点生活费而出租房子的人，姐姐的想法其实很正常，房子只要被租客看中，就说明现有的状况是可以接受的，个别地方修缮一下就可以了。如果想要使房子再上一个档次，可以等赚到钱以后重新装修，不过那时候的租房价格可能也就不一样了。弟弟的问题则很明显，不单单是私自处理姐姐的物品，而是弟弟极为热心地想要帮助那个租房的人，能感觉到他在帮人租房这件事情上明显地想要付出，其目的可能是想落个好口碑，也可能是想要获得成就感。

通过详细询问我了解到，这个弟弟平时在家里做事情是绝对不会这么积极的，甚至连水龙头漏水需要更换，纱窗有破洞需要换新等亟需解决的问题，都要一拖再拖，最后不了了之，或由别人去做。自己家人如果需要什么帮助，或者同样是要入住这套房子，可能也很难等到他帮忙做些什么。而在外面，只要听到谁说遇到了什么问题，有什么需要，他却总是能第一个站出来提供帮助、想办法解决，给人的印象是非常热心肠，爱帮助人的一个人。

这样一种家里家外矛盾的状态是怎样形成的呢？据了解，这位来访者的原生家庭，包括他们的整个家族，都是一个充满善意和爱心的大家庭。因为家族的传承，孩子的身上会具有爱与付出的特质，同时根据马斯洛的需求层次理论，爱与尊重、自我实现，都是孩子在满足了温饱之后成长过程中的本能需要，所以孩子到了一定阶段会很自然地对他人表现出爱与热情，以及学着做事情，并在此过程中学会给予，学到技能和成长。这种爱与帮助肯定首先是在家庭中表现出来，表现为对家人的爱与帮助，比如去帮大人去做一些力所能及的事，以得到大人的肯定，从而获得尊重和成就感，以及自我满足感。

但是不知道为什么，他们的妈妈似乎一直认为做事情是一种低等、卑微的表现，是在被欺压。因此弟弟小时候，每当在大家庭中表现出对家人的热情或对正在做的家务劳动感兴趣时，都会被妈妈制止，即使真的帮了大人的忙，也从来不会被妈妈肯定，只会责备他耽误了大人的时间。即使长大以后，弟弟想要为家庭的其他成员做点儿什么，也总是被母亲制止，不让他管闲事。

但是在家庭之外则不一样，去帮助亲戚朋友会被夸赞，认为这孩子勤劳、懂事、助人为乐、心眼儿好。所以当弟弟爱心泛滥、想要做点儿什么又有力无处使的时候，就会在外面尽力表现，发展出了在家庭之外的热心肠，而在自己的家中却习惯性地懒怠，难以有热情地去做事情。这位姐姐其实也有同样的问题，只是程度相对较轻一些而已。

根据马斯洛的理论，归属与爱的需要是在满足了生理需要和安全需要这两个最基本的需求之后，迈向更高精神需要的开始。同时，归属感与爱的表达和能力，也是后面获得尊重和自我实现的基础。在家庭中，一个人成年之前，他获得尊重和实现自我价值的途径，全在原生家庭与家人的连接中发生，也就是在爱的释放中发生。如果在家中这种被尊重、成就感等精神上的需要不能得到满足，就只好到家庭之外去获得。

上述案例中妈妈的做法使子女的归属感不完整，同时在家中爱的表达没有出口，亲密关系就会出现问题，于是弟弟只好到外面去寻找爱的出口，去释放爱的能量。这样的人一般都会在外面表现得很热心，很可能还非常热衷于公益事业。

不出所料，这个弟弟是某公益组织的核心成员，他把大量的精力和时间用在了这件公益事业上，不惜以牺牲家庭为代价。因为在这里，他的爱得到了释放，他感受到了自己的人生价值，满足了自己的心理需要。

9. 成功和失败都是一种习惯

对于一个习惯于失败的人来说，即使成功在即，他也会在潜意识里想办法把事情搞砸。

H在一家报社做责任编辑，最近有一个让他非常郁闷的问题。H的业务能力不错，工作积极主动，在单位也工作了多年，一直是业务骨干。他们的副主编位置有个空缺，前段时间领导找他谈话，有意把副主编的位置给他。

H本人对事业并没有太高的追求，但是领导主动找上门来要提拔他，可以说是天上掉下来的好事了。所以H还是很高兴的，内心有一些窃喜。但是让他不明白的是，自此以后的一段时间，他的工作就开始很诡异地出现状况，要么开会迟到，要么莫名其妙地和领导争吵，总之本应该更好表现、努力争取的时候，他反而表现得像破罐子破摔。

虽然H主观上并没有那么强烈的想要升职的愿望，但是他的内心对于这份落在自己头上的好运气还是有几分期待的，毕竟作为男人能够在事业上有所成就，是一件值得高兴的事。但是他的表现却使领导改变了主意，副主编的人选最终易人，为此他很是失落。

听了H的叙述，我从他描述的后来的工作状态中隐隐感觉到，虽然主观上他觉得这是一件好事，很愿意也很高兴能够在工作上以升职的方式被认可，但是他的潜意识却明显在推脱。他的潜在语言是：我可不行，我哪里能做副主编？这样的好事怎么会轮到我头上？我现在像可以当领导的样子吗？……

我问H以前有没有这种情况，就是在什么事情快要成功的时候，就会像有一股力量推着他把这份即将到手的成功毁灭掉。他说有，他早就有感觉了，只不过不像这次这么强烈。以前他还会朝着一个目标努力去争取，可总是在事情刚刚有一点眉目，或刚刚取得一些成绩的时候，就会开始有消极或者毁灭性的行为出现，进而使希望破灭，最后无法实现自己的目标。这也是为什么他现在这么消极，看起来很没有追求、不求上进，因为他的努力总是白费，从来没有成功过。所以索性就死了这份心，踏踏实实把手头工作做好，有口饭吃就行了。但是没想到这次好运降临到头上，可还是让他把机会丢掉了。

让他百思不得其解的是，他为什么总是在大功即将告成的时候把事情搞砸？他说自己并不是为丢掉副主编的位置而惋惜，只是想搞明白自己到底是怎么回事。

H小时候生活在乡下老家，我让他回顾了自己的成长经历。在对童年时代的回忆中，H无数次被父亲贬低和打击的情景一一呈现。H的母亲大多数时间都是在做家务，不太过问孩子的事，基本上都是听父亲的。而父亲从来没有教他做过什么，也不会陪他做任何事情。他常对H说的几句话是：这也是你能动的吗？你哪里干得了这个？你看看你弄的这是什么玩意儿？你要能做成了才怪！诸如此类。并且常常不管他在做什么，都可能在贬低的同时粗暴地将他即将完成的作品打破，中断他的创造，从而证实他根本就完不成一个像样的作品，做不成一件值得称道的事。他至今记得在七八岁的时候，有一次他专心致志地在用泥巴制作一把小手枪，眼看要大功告成，却被怒气冲冲过来的爸爸一把打落在地：没听见喊你吗？就知道玩，去看妹妹！看着自己精心制作的手枪碎在地上，让他心痛不已，好几天不想做任何事。

然而，父亲对妹妹却不是这样的态度，他和妹妹一起画画，虽然明显他画的彩虹比妹妹画的气球好得多，但是爸爸却不屑一顾，而是夸赞妹妹那个根本不像气球的气球画得好，说哥哥不如妹妹会画。就连上学以后考试得了100分也会被父亲质疑：你能考100分？抄别人的吧？

这样的事情太多了，充斥着他的整个童年和少年时代。慢慢地他不再对任何新奇的事物有想要尝试的冲动，因为他从来体会不到成功的快感，也从此在心里默认了"我很笨""我不可以成功""我无法成功"的认知，做什么事都很难从头至尾完成，就算前面做得再好，到最后也会因为种种原因被自己搞砸，他的学习成绩也一再下滑，以后再也没有考过100分。

高考的时候，H同样是状况百出。好在考上大学离开家的念头支撑着他，使他克服种种自己给自己制造的麻烦，考出了一个还算可以的成绩，勉强进入一所外地大学学习。

H其实潜意识不只是认为自己成功不了，不可以成功，甚至是觉得自己连追求成功的资格都没有。童年的经历完全压抑了他想要成功、想要为了什么去努力的欲望。就是在向我述说的时候，他还一直在强调，并非为了那个副主编的位置，他并不适合那个位置。也就是说，他的潜意识里认为自己没有资格或能力坐上那个位置，自己有那个想法是可耻的。

我告诉他这次领导想要提拔他的事情并不是凭空砸到他的头上，而是他努力工作的结果，只不过他自己不再把那个结果当成现实中的目标了。如果他能坐在那个位子上，也是他的努力所得，是理所应当的。

有一句话说：成功是一种习惯。那么同样，失败也是一种习惯。当一个人自幼生活在积极、友善、温馨、融洽的环境里，他无论做什么事都能得到肯定，并被鼓励坚持下去，那么这个人就会对自己很有自信，相信自己可以做成某件事，即使遇到困难也不畏惧，他可以想各种办法去解决，包括求助他人。因为在他的眼睛里，世界是善意的，周围的人都是他可以借助的力量。同时这样的人也容易形成良好的做事习惯，在今后的人生道路上就会逢山开路，遇水搭桥，所向披靡，攻克一个又一个难题，实现一个又一个目标，取得一次又一次成功。

相反，当一个人在幼年时不被允许成功，当他开始学做事情的时候没有得到身边最重要的人的鼓励和肯定，成功的道路上不但没有可以借助的力量，养育者还成了他取得成功的障碍，那么这个人不但注定了会习惯失败，还会形成自卑的性格，认为确实是自己的能力不行，从而不思进取，放弃任何走向成功的机会。这样就算是通过努力使成功近在眼前，也会因为自己潜意识里对成功的畏惧而导致前功尽弃。

不知道有多少孩子的前途是断送在了自己父母的无情打击之下。

原生家庭对子女的最大伤害

——来自父母的爱的缺失

　　好的童年是一个人一生的心理资本，而幼时缺爱是很多人成年之后甚至在未成年时就出现问题的原因所在。父母的冷漠、粗暴，对子女的无视、漠视，使孩子心中产生一个巨大的空洞，成为孩子此后人生道路上的巨大障碍。本章深度剖析原生家庭中关于爱的话题。

1. 你为什么感觉不到爱——爱的 表达有多重要

很多时候亲子之间不是没有爱，而是沟通出现问题，进而导致情绪失控。

有一位独自在外打拼的年轻女孩找到我，说她有双相情感障碍。事情的原委是这样的：因为她失恋了，心情很不好，想要自己一个人静静。但当时妈妈正好从老家过来看她，她就想给妈妈在外面订酒店，这让妈妈感到很不理解，觉得明明能和自己的女儿住一起，却还要花钱在外面住酒店，这得有多嫌弃妈妈呀。女孩因为妈妈不能理解自己而忍不住冲妈妈大吼大叫，还把茶几上的东西推了一地。为此她也感到很内疚，跟妈妈解释说她有双相情感障碍，并为此前来咨询。

双相情感障碍是一种同时兼具抑郁和狂躁症状的精神疾病，也就是以前说的躁郁症，表现为兴奋时激动、乐观、情绪高涨，悲观时忧郁、沉静、精神低落。情绪的两个极端同时出现在一个人身上。

仔细了解发现，这个女孩平时多数时候是沉郁的，比较安静，她所谓的狂躁也只是在和人发生冲突时，确切地说是在和家人发生矛盾时才会有，是亲人之间的沟通问题。也就是说，女孩的问题实际上是亲密关系当中的沟通障碍。当矛盾出现时，她不知道怎样用适当的方法去和妈妈沟通，再加上失恋本来心情就不好，工作压力又大，于是就出现了前面描述的那一幕。

　　和家人的沟通模式习得于幼时和父母的沟通方式。女孩来自单亲家庭，即使在父母离异之前，父亲也很少过问她的事情，一直以来都是母亲独自一人带她。所以面对关系紧张的父母，女孩一直都很依赖妈妈，也非常维护妈妈，父母离婚以后更是与妈妈相依为命，母亲也对她寄予了很大期望。

　　在几次咨询中，女孩的妈妈也被邀请到咨询室。经了解发现，这位母亲自己的原生家庭就存在一定问题，母亲在幼年时没有享受到足够的母爱，不但长期与自己的妈妈聚少离多，即使和妈妈在一起时，也难得享受来自母亲的疼爱，母女之间的感情淡漠，平时没什么交流，自己有什么事从来不跟妈妈说。女孩的妈妈很有自己的想法，在做了母亲后，有意识地避免产生自己原生家庭在亲子关系上存在的问题，不想自己的孩子再遭受和自己同样的命运。在女孩小的时候对她充满了爱与肯定，让女儿颇以自己的妈妈为豪。这为她们母女感情打下了深厚的基础，同时打下了女孩自信的底子。

　　孩子入学后，最初几年还好，但是随着课程越来越难，课业越来越繁重，母亲对孩子的爱开始发生变化，像大多数父母一样对孩子有了更多的要求和期待，不再像小时候那样无条件地接纳。随着女儿青春期的到来以及女儿对妈妈的崇拜逐渐消失，两个人的沟通越来越成为问题，常常不欢而散。

　　这时候面对已经长得像大人一样高，越来越有主见的女儿，妈妈也越来越没有耐心。为了不使矛盾激化，缺乏经验的妈妈采取了一个错误的方法，那就是眼不见为净，用沉默、回避的办法，不和女儿进行任何交流，以此来掩盖问题。不仅如此，妈妈还在衣食住行上懈怠了对女儿的关心和关注。也就是从那时起，女孩就在心里压抑着委屈和愤怒，潜意识里她既不想因为自己的不优秀而让妈妈失望，又因为妈妈给她的巨大压力和不关心而感到愤怒和不甘。而这次和妈妈的冲突，只不过是多年来积压在心里的负能量的释放。

这种心理能量的释放对于关系双方来说其实也算是另一种沟通方式，比起两个人互不理睬、互不理解要好很多。这件事可以算是为女孩一直没有过去的青春期画上了一个句号，对于她来说并不见得是件坏事，反而很可能会是她人生中一个了不起的转折点，只要处理得好，对于母女双方的成长都会有帮助。只是她们自己面对这种激烈的冲突会感到担心和难以接受。

在亲密关系中，爱是基础，有效的沟通是使爱常在的保证，很多的家庭问题根源在于不会沟通。这位妈妈在与长大了的女儿发生矛盾无力解决后，采取了消极放任的态度，这种态度和不沟通原则使得家庭中的爱不见了，而女孩原本仅靠妈妈给予的安全感也受到威胁，不得不把自己的愤怒和恐惧压抑在心底。只有当女孩参加工作、独立生活以后，才有力量用一种看似过激的方式把对妈妈的不满发泄出来。

沟通可以说是世界上最难的事情之一，做婚姻家庭咨询最大的一个感触是，因为沟通不畅或无法沟通而出现矛盾和问题的家庭太多了。很多人在外面和人侃侃而谈、温文尔雅、谦恭有礼，但回到家中却是另一副模样，在他的家庭中充斥着斥责、咆哮、抱怨和冷漠。

有人会说社交场合和人客气客气是为了工作和社交需要，在家里还端着多累呀，当然想怎样就怎样。这是曲解了沟通的含义。在外面和人客气没有问题，但在家里也应该对家人、亲人多一些关心与包容，有事情平心静气地商量解决。心里有疙瘩了能有家人帮助排解，这对于一个未成年人的成长来说尤其重要。

我们大多数人的沟通都是急于表达，只顾自己说，却没有耐心听对方说什么，或者说他们听到的都是对自己的攻击，然后想尽办法去反击，去打败对方，从而证明自己的正确。这不是真正的沟通。因为互相之间根本就没有"通"，只是在战斗，只会使冲突升级。沟通的重点在于听，而不在于说。我们习惯于说"我也想沟通，可是他不听我的"，可是我们却没有想过自己有没有认真地、用心地去"听"对方在说什么，去感受他背后的需求是什么。

所以很多家庭中的沟通常常只是一种情绪的表达和发泄，就像女孩这次的激烈行为和妈妈以前的冷漠相向。这个女孩不知道怎么通过正常的方式去和妈妈沟通这件事，表现出来的就只能是情绪的发泄，而这源自她没有从妈妈那里习得有价值、有效果的沟通方式。

作为家长，我们很容易犯的一个错误就是习惯于说教，喜欢去教育孩子，而我们所谓的教育往往就成了指责。实际上孩子是不需要被教育的，他们只会被影响。你对孩子的态度就决定了你的孩子是一个什么样的孩子，将来会成为一个什么样的人。尤其对青春期的孩子来说，说教更可能激起他们的反感。我们说，父母是孩子所有问题的根源，而爱是解决所有这些问题的答案。当沟通成为很大的问题，爱也会随之会受到影响。反之，以爱为基础的沟通，才更容易被听见，更容易有效果。只有当他们感受到被爱和被尊重，家长的话才有可能被他们听进耳朵里。

指责式的教育会让孩子觉得爱消失了，这时不但沟通成为问题，孩子心理上的不安全感也会加剧。而爱的缺乏，更会让孩子不知道如何去爱别人和接受别人的爱，这会给他们以后的恋爱、婚姻带来一系列问题。女孩的恋爱失败也正是基于这样一个事实。因为一直缺乏来自男性的关心与爱，以及自幼形成的很强的独立意识，当遇到一个对自己稍微好一点的男孩，微不足道的关心就会让女孩被感动得稀里哗啦，于是放下原本的择偶标准飞蛾扑火般开始恋爱。这样的爱情就算运气好，对方以后真的对她很好，也容易因为在长期的亲密关系中对这种好的不适应而出现问题。

这位妈妈最初对女儿的养育充满了虔诚的信仰，这也是女孩觉得自己的妈妈很不一般、感到非常骄傲的一点。但是当女孩渐渐长大，妈妈就和周围大多数家长没有什么两样了。而孩子在妈妈的眼里也不再那么可爱，而是充满了各种各样的问题。妈妈忘记了孩子只是个子长高了，但是在心智上离成熟还远得很，青春期是一个值得特别关注的时期。

当我们感到对青春期的孩子无能为力，不知道怎么办才好时，只需要给他爱就好了。因为爱可以治愈一切。遗憾的是恰恰相反，当家长们感觉无法控制孩子时，常常连爱也不给了。也就是说他们对孩子的爱是有条件的：你听我的话我才会爱你，你学习成绩好我才会爱你，否则我就不爱你了；你还总是让我生气，我就更不会爱你了。

青春期的孩子叛逆的原因和形式各有不同，但那是生命的一个自然成长过程，在每个人的成长历程中都是必不可少的一环。这时候我们只能报以默默的期待和真诚的陪伴，付出你的爱，让他们有力量去化茧成蝶，顺利地度过这一时期。如果给不了爱，那么就给他们自由，不要对他们过多干涉，避免不当介入反而给关系带来麻烦。

这个女孩参加工作后，在某一个时间点以看似恶劣的态度对待母亲，并不能说明这个女孩的本性是坏的，而要看到她发泄背后的需求和伤痛。这时候如果妈妈能以理解的态度对待，不以简单的对错揪住这件事不放，以至于爆发更大的家庭冲突，而是以德报怨，依然给孩子以充分的共情，那么女孩的心理创伤将得到相当大程度的修复，并重新唤起对母亲的依恋。但是这需要母亲具有相当强大的内心和对双方情绪、心理的敏锐觉察能力。

2. 最大的童年伤害，莫过于父母给子女带来的亏欠感

未成年的孩子对父母有严重亏欠感，只能让他觉得自己不配拥有爱。

W一直很纳闷儿自己为什么那么不敢花家里的钱，不是家里不让花，而是自己从内心里就觉得不应该花，她一直认为从18岁成年开始就不能再花父母的钱了。而18岁的时候她高中还没毕业，这让她的整个高中阶段一直在"马上就18岁了""已经18岁了，还在花父母的钱"的焦虑不安和愧疚中度过，学习成绩可想而知，因为无法集中精力听课而一退再退。

本来她没有意识到这是个问题，一直觉得自己比别的孩子懂事。但是工作几年之后在和一位女同事说起这件事时，她的同事非常不解，说：奇怪，你怎么会有这种想法，孩子花父母的钱不是理所当然的吗？

说到这个话题是因为那时候她的同事快要结婚了，天天管她爸要钱疯狂购物为婚礼做准备，买东西买得不亦乐乎。同事得意地说："趁着还没结婚赶紧再花老爸一笔，不然结了婚

就得花自己的了。"听到这样的话，W的心里有一种怪怪的感觉。因为这样毫无羞愧之感、明目张胆地向家里要钱花，在她看来是很不好的行为，是应该被批判的，而她的同事竟然一点儿都不加掩饰，甚至好像还很自豪。W看着同事洋溢着兴奋的脸，忽然想到一个叫作"幸福"的词。她在父母的面前好像从来没有过这种感觉。

W结婚的时候，爸妈也给钱了，在他们看来，平时省吃俭用，节省下来的钱就是要在这个时候拿来用的。说是给钱，实际上并不是她自己去花的，而是爸妈带着钱，带着她，专门到省城去为她置办嫁妆，给她的感觉是，不管看中了什么，只要她张口，爸妈就掏钱买。

W第一次受到这样的待遇，有点懵，有点诚惶诚恐。而且她平时因为几乎没怎么花钱为自己买过东西，所以根本就不知道怎么花钱。既不知道要买什么，也不知道怎样买到合适自己的东西，只是被父母裹挟着，点头或者摇头，买了一些不知道有用没用、不知道是好是坏、她自己也并不是很喜欢的东西。其实，她压根儿就没注意到她喜欢的东西在哪儿。

想到平时父亲的同事、朋友有时看到她，会因为聊到一些需要用钱的事情和她开玩笑：找你爸要，你爸有钱。她只会笑笑，觉得那是玩笑，从不认为爸爸的钱和她有什么关系。何况现在她自己有工资，肯定一切要靠自己了。但是W还是有那么一点羡慕那些可以心安理得花父母钱的人了，起码在未成年还没有收入的时候似乎应该是这样。虽然这念头还不能把她脑子里的道德感打败，但是她觉得自己也许是有一些问题的。

虽然她不知道问题的根源到底在哪里，但是看着那些亲子关系很好的家庭，孩子在父母的面前撒娇、父母对孩子的嗔怪，她觉得有些羡慕，她从来不敢也不会在父母面前有什么亲昵的举动，因为那会被解读为不怀好意，比如可能会被妈妈理解为是想琢磨爸妈兜里的钱，那是会被鄙视的。所以当觉察到问题，当有身边的长辈或同事再因为她不花父母的钱而夸她懂事的时候，她已经不觉得那是什么好事，反而心里会非常抵触。

在她的印象里，家里似乎对花钱买东西这件事是很避讳的，父母好像从来不会当她的面给她买东西，也不允许她张嘴要他们认为没必要买的东西，所以她也就没有主动要求父母给自己买东西的习惯。记忆中的确有过一次是由她主动提起买东西的经历，但是那一次的经历她心里很不舒服。

那是在她读初中的时候，当时学生们流行穿一种白色的球鞋，看起来很漂亮，于是她忍不住想要和父母分享一下。虽然她也担心父母会觉得自己是想让他们给她买，但犹豫之下还是对父母说了这件事。

也许是觉得女儿长大了，父亲听了竟然一反常态地对她说：那我们也给你买一双吧。W一直摆手表示不要，因为那并不是她的初衷。但是没过几天，爸爸还是给她买回一双球鞋，然而并不是她心心念念的白色球鞋，而是一双款式很难看的普通篮球鞋。

这件事就像一根刺一样，一直扎在心里。首先这件事让她一直都很懂事、知道替父母考虑的乖乖女形象受损，使她心里充满了张嘴向家里要东西的愧疚感；其次，背了这么大罪名，最后得到的却并不是自己真正喜欢的东西，这让她如鲠在喉，一想起来就觉得心里不舒服。似乎就是从那时起，W和父母的沟通越来越少，有什么话也不愿意和他们讲了。

我们可以看到，那时W不能向家里要钱要物的观念已经内化于心，成了一种本能，在日后的消费观念、对待金钱的态度上，W必然也会受其影响。比如在自己有了收入之后传承父母的模式，喜欢攒钱，能不花就不花；喜欢从打折、过气的商品里挑挑拣拣；在社交消费上因为过于被动而显得小气，导致社交的圈子很小。在个人利益方面则被动等待，行为迟钝，即使利益受损也不敢或不知如何为自己的正当权益去争取。这是一个典型的因为父母在物质上对孩子过于苛刻或要求严格而造成的孩子对父母有强烈亏欠感和内心匮乏感的案例。

在一个家庭中，不管条件如何，形成孩子一个健康、丰盈的内心世界是最重要的，这和家里有多少钱没有关系。很多看起来贫困的家庭，虽然对子女的物质需求家长不能像有钱人家那样想买啥买啥，但是起码会条件允许范围内尽量满足孩子，让孩子感觉到自己是重要的，是有价值的，是值得别人付出的。同时告诉孩子不用和其他家庭的孩子攀比。这样的孩子虽然他们得到的钱或物可能不如别人，但是在心理上因为有父母的尊重、支持与爱，他们的内心是丰盈的，是充满了安全感、满足感和价值感的。这样的家庭氛围也是融洽的。父母与子女间彼此尊重有爱，互相关心支持，孩子到了社会上，即使经济暂时困顿，但他们在心理上也是富有的，会想办法通过自己的努力去争取过上自己想要的生活。

相反，有些家庭条件尚可，但是却忽视了孩子的正常需要和心理健康，对孩子正当的物质或经济需求既不给予满足，也不给出合理的解释去培养孩子正确的或符合自己家庭的金钱观和消费观，而是表现出轻蔑和不屑，给予精神打击；甚至有一些家里条件很好的父母，虽然满足了孩子的要求，但却是以一种高高在上的姿态、以恩赐的方式给予；而孩子每每有什么需求都要很卑微地以祈求的方式才能获得。久而久之，孩子会变得非常自卑，在外面很难和人建立起平等、正常的人际关系，也会影响孩子今后的经济收入，因为他们在获取正当经济利益时也难以理直气壮，甚至会有负罪感。

这里所说的孩子的正当需求是指孩子成长最基本和基础的物质保障，以及必要的零用和交往花销，这不仅包括孩子有记忆之后的饮食、玩具、学费、零花钱等必要支出，还包括有记忆之前婴幼儿时期对饮食（包括母乳或奶粉）、陪伴等最基本的生存需求。

就像这位来访者W，她的记忆里只有自己一直不习惯向家长提物质要求，并以向大人伸手要钱为耻这样的信条和理念，而并不记得父母何时告诉过自己不能花钱，不能向家里要钱。这一方面和家庭里一直灌输的金钱观念有关，另一方面她可能在生命早期，也就是还在哺乳期的时候就没有被充分满足最基本的吃的需求，在整个被抚养的过程中，不管是哭还是其他什么形式的索要，一直都是一个被嫌弃、被指责的行为。所以这种观念已经被输入潜意识，使她本能地认为，主动的"要"是不应该的，不好的，吃父母的饭是不应该的，等等。到她稍微长大一点，主观意识占了主导，再加上父母不断输入"花钱可耻"这样的观念，那种不能张嘴向家里要钱的观念就由潜意识而上升为意识层面的准则要求。

满足孩子的需求不是孩子想要什么就给什么的溺爱型的无限满足，而是在自己的能力范围内，以爱的方式给予孩子自己所能给的，让他们在现有的条件下心满意足地获得，而不是总像被施舍。生活中不乏因为学校要缴纳必要费用而对子女恶语相向的家长，让孩子觉得读书也像有罪一样。还有些孩子因为想和同学一起出去搞活动而向父母要零用钱时被冷眼对待，使得孩子在本该温暖如春的家里像一个伸手要饭的乞丐。

当一个人在家里都不能得到起码的尊重和满足，他在社会上也肯定是自卑的，低自尊的，觉得自己是不配拥有的，会有低人一等的感觉。这恐怕并不是那些家长的初衷。遗憾的是，让孩子对父母有亏欠感，可能是很多这样做的家长所喜闻乐见的，因为他们需要从孩子这里得到回报。

所谓的养儿不需要回报是人们想象中的一个理想状态，能做到的太少了，这样的说法还不如传统"养儿防老"的说法更实在。人们普遍的共识是：父母对于子女有养育之恩，所以，孩子回报父母是应该的。于是为了得到孩子的回报，不管是长大以后的回报，还是当下为了让孩子懂得感恩，抑或仅仅是为了让孩子帮忙攒下一分钱并使孩子养成一个他们认为的好的习惯，这些父母在不断地向自己的孩子灌输、传递自己养家"很累"、"很辛苦"、为了孩子自己"舍弃了很多"这样的信息。这样做的结果是，只能让孩子在最应该轻松的年纪，早早就感受到生活的沉重，并认为是自己拖累了父母，甚至是不应该存在于这个世界上的。这样不但会使父母想要的回报落空，还可能培养出一个问题孩子。

现在一些对孩子的所谓感恩教育，看起来更像一种苦情教育，传递出的信息就是父母对子女是有条件的付出，其中有着强烈的匮乏感。而匮乏的父母很难培养出内心丰盈的孩子。也就是说，这些孩子将来也会很难付出，其中就包括对父母的回报。

从另一方面说，孩子并没有主动选择来到这个世界上，他们都是被动而来，并且给父母带来了很多欢乐。不管那些人是主动还是被动选择要孩子，好好地把孩子抚养成人都是他们应尽的责任和义务。而感恩和回报则是心甘情愿的事，是子女在父母对自己的爱中看到他们的辛苦，自然而然产生的一种情愫和回馈。

父母对子女的教育，本质是自我的一种修行。父母是怎样的，孩子就是怎样的，只要父母给予他们足够的爱，他们自然就会有足够的爱回馈父母。这种爱不是有多少钱可以给孩子，而是作为父母对待孩子的态度。如果你不懂得怎样给予孩子更高层级的精神上的培养，至少可以拿出母鸡式的爱，心甘情愿地来给你的孩子最基本的生活和生命的保障，使他们的身心都能得到健康成长。

3. 孩子在家里拥有多少，此后一生也就拥有多少

当一个人在原生家庭当中被认为是不好的、没有资格的、没有地位的、不值得的，那么他在今后的人生道路上，也会如此。

有一位来访者曾经跟我说，她的家庭鼓励独立自主，反对向钱看，因此她从小到大没有依赖他人的想法，凡事都靠自己。结婚后老公虽然收入不低，但那似乎和她没有任何关系，她从没有花过老公一分钱，也不知道老公的工资到底是多少，家里所有的事情都是她一个人在扛，日常的一切开销也是她用自己的工资支付。但是她总觉得生活不应该是这样的。看看周围的女性原本条件还不如她，但是小日子过得都比她滋润；老公家的条件也远不如她家，而她就是把自己过成了一个似乎最没有地位的人。但是她也想过一种更轻松安逸的生活。

为了摆脱不甚满意的现状，她开始琢磨是不是该找个兼职，或者干脆换一份收入更高的工作。但是同事对她说的话，让她对自己的想法和人生有了另外一些思考。她的同事说：人家说，一个人一生该有多少钱，该享多少福，都是有定数的，你再怎么努力也不行。

最初这位来访者对同事的话不以为然，觉得她太主观了，简直是迷信。但是她记住了这句话。几年之后当她经过一番努力还在原点折腾时，不由地开始认真思考这句话的含义。她问我一个人能拥有的是不是都是命中注定的，同事的话是不是真的。

按照我的理解，这句话对，也不对。所谓的命中注定，意思是一个人天生就拥有什么，或不拥有什么，都是一定的，不是自己能争取来的。一味相信这样的观点，可能我们的生活态度就太消极了，社会也就没有办法进步和发展了。因为不管你怎么努力都是白费力气，都得不到你想要的，那就只有消极等待，靠天吃饭了。然而如果不相信这句话，又的确有些人，或者有些时候，不管怎么努力，都只是在原地转圈，不能变得更有钱，就算挣到了钱也会因为各种原因使到手的钱再次失去；不能得到想要的爱情，因为总是会碰到同样的渣男来祸害自己；不能让自己轻松，因为到最后所有的家务活都照样还是要落到自己头上……

这其实是原生家庭在一个人整个人生中的体现。

一个人的原生家庭决定了他的金钱观、价值观以及和周围人的关系是怎样的。一个人从一出生开始，在原生家庭和父母家人的互动过程中，就慢慢形成了特有的观念、意志和习惯，使其在今后的人生中不知不觉按照在原生家庭形成的这种模式去和外界相处和互动，构建一个和原生家庭相似的关系模式。

也就是说，所谓的"命中注定"并非天生，而是在一个人生下来之后，在原生家庭中形成的一些固有的模式，注定了这个人今后在社会中依然会把自己放在一个与在原生家庭当中相似的位置和状态，很难通过自己的努力得以改变。

原生家庭对子女整个人生的这种影响自始至终，潜移默化，并且深入潜意识，人们很难意识到。因而当看到那些倍受宠爱的人到哪里都受宠，那些吃苦受累的人到哪儿都在出力干活儿，一些人自然就会认为这是命中注定、不可改变的。

根据来访者的叙述，自立自强、独立自主、不唯钱是图，这些理念听起来都没有什么问题，甚至还很正能量，但是深入了解后我发现，这位来访者的成长过程远没有她说得那么简单。

她的原生家庭虽不大富大贵，但是家庭条件相对于一般的普通百姓还是要好很多，是个会让周围人羡慕的家庭。然而我的来访者在童年时期即使是在那些家庭条件称得上贫困的同伴面前，也从来没有任何的优越感，反而有时候会羡慕他们有父母的呵护。比如她在同学家亲耳听到同学的妈妈对女儿说：长个儿呢，多吃点这个。或者自己可以拿上5毛钱，飞一般地去买一根冰棍儿回来。

她就从来没有这样的幸运。妈妈给她吃东西时总像带着厌恶，似乎觉得她吃什么都是浪费；好的、大的、多的，毫无悬念地会给长得身宽体胖的哥哥吃，自己则常常要吃别人剩的、不爱吃的。即使这样她还是会被嫌弃"又不挣钱只会吃"。因为哥哥以后才是家里的顶梁柱，女孩子不过是个外人，早晚是别人家的。钱就更不能碰，这位来访者直到上高中住校，才第一次开始自己花钱，因为不得不到学校小超市去买一支学习要用的铅笔。为此她的心里忐忑了好几天。

这家人对待女孩子的态度还有一个和很多家庭不一样的地方。大多数家庭都会对男孩子更严厉，对女孩子相对要温和一些，甚至有一些家庭认为女孩子一定要富养，这样以后才会碰到好人，才能有好日子过，这也许更符合前面说的命中注定。在原生家庭是受尊敬和爱护的，以后肯定不会去找让自己受委屈的人。而这家人的观念是：女孩子不能太惯着，不然以后到了夫家会觉得委屈。

也就是说，这个原生家庭从一开始养育女孩，就准备好让自家的女儿去老公家里当牛做马。为了不在给别人当牛做马时感到委屈，就要先在自己家里习惯这种低人一等的状态，于是就培养出了一个极其低自尊的女人。确切地说，这是来访者妈妈继承了姥姥的观念，并使之进一步"发扬光大"。

这样培养出来的女孩首先在选择结婚对象时就不会有太高的要求，甚至可能都没要求，因为她觉得自己不配，她从来就没有过挑选的资格。这位来访者的婚姻已经说明了这一点。其次，即使找了一个各方面条件远不如自己的人，在以后的生活中，那个低自尊的人还是会一步步把自己变成家庭的最底层而不是平等关系，虽然她并不知道自己是怎么做到的。除非她遇到一个真正爱她且善良又能看到她背后需求的人，才可以弥补她在原生家庭的缺失和创伤。事实是，她的老公虽然是农村家庭出身，且家里很穷，但是他是作为唯一的男丁被全家上下宠爱的。这样的两个人就很自然地走到了一起，又很自然各自回到了各自在原生家庭当中的位置，即男方拿钱不管家，继续做大爷；女方低眉顺眼，工作、家务、孩子忙得团团转，并且无权过问男方的事。这就是所谓的吸引力法则吧，也是为什么有些女孩子找的男朋友总是同一类型的渣男，因为这都是被他们的特质吸引来的。这样的婚姻也很难不出问题。

当一个人在原生家庭中被认为是好的、被尊重的、值得的，那么以后在他（她）的人生道路上，他（她）就会自认为是好的、受人尊重的，所吸引来的人也会认为他（她）是好的、值得的、受尊重的。当一个人在原生家庭被认为是不好的、没有资格的、没有地位的，不值得的，那么他（她）以后自然也是低自尊的，会认为自己是多余的、不值得的、没有资格的。这样他（她）就很难吸引到尊重，吸引到财富。即使千辛万苦挣到了钱，潜意识里那个"你没有资格花钱，你不配有钱"的声音还是会让他（她）的钱以各种理由得而复失，最后不会落在自己手里。

据来访者说，在刚结婚的时候，老公曾经把刚拿到手的工资拿出来过，准备交给她。虽然只是做做样子又收了回去，但这毕竟是一个新的开始，什么都可以重新建立。女方即使钱不多暂时可以不用充公，也需要双方共同定下一个规矩以便日后在家庭规划上统筹安排，同时也让男方知道他挣的钱不是自己的，是这个家庭共有的，从此这个家可能就会形成一个新的规则，男方也形成一种新的习惯。遗憾的是，女方从来没有从别人手里拿钱的习惯和意识，也从来不会要求别人，于是等于放任老公重新回到他在原生家庭时的状态，自己也重新落入像在原生家庭一样的末端地位。

根据英国发展心理学家约翰·鲍比的依恋理论，我们在幼年时被最重要的人、被父母如何对待，对我们今后的发展方向起着关键性的作用。婴儿时期的依恋类型是安全型、回避型、矛盾型还是混乱型，都各自对应母亲—婴儿在家里互动时的分化模式。幼时的我们被父母如何对待，长大以后我们在亲密关系中就会被他人如何对待。因为这是我们所熟悉的方式，即使一开始不是这样的方式，我们也会本能地"引导"对方向那个我们所憎恶的方式发展。

所以说，培养出一个什么样的孩子，和原生家庭的家境没有直接关系，而是和这个家庭的家风、家教、互动模式、依恋关系有关，尤其和妈妈的观念、养育方式有关。这就是为什么有"一个好女人旺三代，一个坏女人毁三代"的说法。虽然在家庭当中不能简单用好与坏来定义我们的父母、家长，但是母亲在子女成长过程中的重要作用可见一斑。而要想让母亲能够有力量培养出一个健康、正能量的孩子，母亲本身首先要得到过足够的爱的滋养。

那么这样的人能不能通过努力改变自己的命运呢？很难，但是也并非没有可能。要改变，觉知很重要。意识到了，觉察到了问题在哪里，通过不断学习、不断成长，人生就会有所不同。尽管无意识还是会重复旧有的模式，但那是一个螺旋式的上升，一段时间后再回头看，你就会发现一个不一样的自己。

4. 爱的基础来自幼时在原生家庭形成的依恋模式

只有奶水活不久。爱不仅需要满足身体成长所需，同样需要心理的养育。

有的人在恋爱关系里总是显得很卑微，对对方言听计从，小心谨慎，很怕对方会对自己不满意，到最后却要么是从最初的相互爱恋变成一方对另一方的单向付出，总是看人脸色，感受不到对方的丝毫爱意，让付出的一方痛苦万分；要么就是一方在厌倦了另一方对自己的恭顺和小心翼翼之后，冷酷地转身离去，没有丝毫留恋和愧疚。并且这样的剧情一再重复，恶性循环，让付出的一方崩溃到怀疑人生。

这里付出的一方男女都有，但是以女孩居多。有些女生虽被渣男百般折磨，却仍然飞蛾扑火，就算是万丈深渊也咬牙往下跳。在受尽折磨后，她们没有力量去指责对方，总是默默地从自己身上找原因，检视自己哪里做得不够好，怀疑自己是不是根本就不配得到别人的爱，不然为什么所有人都不喜欢她，到最后都不能留一点爱给她。

不管是遇人不淑，还是在交往之后被分手，有些人在爱情里似乎总是在付出，却又总是难以得到来自恋人的爱与保护。原因就在于，他们在生命早期没有得到足够爱的滋养，情感上极度缺乏安全感。

在爱情中，我们本来就容易失去自我，而那些幼时缺爱的人尤甚。因为童年时爱的缺失，带来的一个严重后果就是对他人信心的丧失。这些人的骨子里潜伏着很大的不安全感，原因是既然连自己的父母都没有办法给到自己所需要的疼爱，那么还有谁能够无限包容地给自己爱与关心，又有谁能够长长久久地永远不离开自己呢？

所以当一份爱情到来时，他们会在潜意识里因为对他人没有信心而不断索求，会以自己爱的那个人为中心，围着对方团团转而完全失去自我。他们试图从对方身上获得自己所缺失的东西，去填补幼年时内心深处形成的那个大洞。当索求不被满足时，对他人的信心再次受到打击，于是进一步索求，进而更难以满足，如此成为死循环。

这样的人对待朋友会显得非常宽容，但是对待爱人却非常苛刻，因为他（她）没有办法全心全意地相信这个人。这就很容易使对方望而却步，或者招致对方的不满与不屑，最终导致恋爱婚姻失败。这时只有出现一个能够让其全心全意信赖和依靠而不会让他（她）产生任何不安全感的人，心理上的缺失才可能慢慢被填补，缺爱的问题才会得到修复。但是这非常难，因为很少有人能够忍受对方近乎病态的折磨，除非他能够懂得对方的深层需求，并且非常爱对方。

与苛刻对待爱人相对的另一个极端是，既然很难相信别人，那就不相信好了，把对人的期待值降到最低，永远理性地对待人、事、物。当期待值为100，哪怕得到的是99，都会失望；而期待值为0时，哪怕得到的是1，也会觉得赚到了。这样他们受到伤害的可能性就可以减至最低，一些可能在关系中产生的诸如失望、背叛、分离等问题就不会对自己造成伤害。一个典型的例子，歌后王菲的爸爸在她的生命中只是一个过客，她和妈妈在一起，但是两人很少讲话，而且幼年时妈妈常把她一个人放在家里。妈妈作为她唯一的爱的来源，既不太会照顾自己，更无法照顾好孩子。所以适应孤独对于王菲来说就是一门必修课。因为要不到，自己难过，不如不要，使自己麻痹、封闭、隔离、否认、拒绝等。她必须学会不再需要别人，学会放弃依恋，于是这种对外界冰冷的态度作为一种防御机制就形成了。而在爱情中，也会因为其依恋模式的矛盾性及亲密关系的不成熟而经历更多的波折。

曾经一度我们对自己的孩子抱持这样的态度：不能对他太好，不能那么容易满足他，不能一哭就抱，否则他容易形成对大人的依赖，要让他独立。

对孩子克制回应，保持距离，不过度亲昵，不轻易满足，这样的育儿理念也许是受美国心理学家、行为主义心理学创始人华生的影响。华生在20世纪30年代提出了一个非常著名的理论：孩子对爱的需求源自对食物的需求，满足了他对食物的需求，就满足了他对爱的需求。所以母亲只需要给宝宝提供足够的食物就可以了。按照他的理论，母亲不能和孩子过度亲密，否则会阻碍孩子的成长，使孩子在成人后会非常依赖母亲，从而难以独立和成才。他提出，要把孩子当作机器一样训练和塑造，尽量不要亲吻和拥抱孩子，就算孩子哭泣也绝不能心软。

这套理论的风行造成了以后几十年家庭教育中父母对幼儿"爱"的付出出现问题。20世纪50年代，美国的另一位心理学家哈洛用与人类基因相近的恒河猴做了一系列关于"爱"的实验，当猴子把依恋倾注在温暖的绒布猴妈妈身上而不是可以24小时提供奶水的铁丝猴子时，证明了爱源于接触，而非食物。

也就是说，人的需求不仅限于对温饱的需求，更有对于触觉、视觉和听觉多种感觉系统的积极刺激的需要。"母爱的本质，绝对不是简单地满足孩子的饥饿和干渴的需求，它的核心是接触性关怀：拥抱、抚摸、亲昵。"

哈洛说："只有奶水，人类绝对活不久。"

所以，父母对于孩子的养育，绝不能仅仅停留在喂饱的层次上，一定要让孩子感受到父母就在自己身边。而独立也并不是"孤立"和"狠心"培训出来的，恰恰相反，越是得到细心呵护与爱抚的孩子，越会敞开内心，变得开朗，并容易离开妈妈的怀抱去独立探索，适应社会；而越少得到关注的孩子，则越会封闭自己的内心，漠视周围环境，变得孤僻不合群。

由接触所带来的安慰感是母爱最重要的元素。只有当父母通过抚摸、拥抱、交流、互动等方式，满足了孩子在触摸、运动、玩耍等与爱有关的需求，对孩子的情绪有积极回应，才能满足孩子成长的全部需要，并从中感受到父母的爱，进而形成良好的依恋关系，培养出一个身心健康、具有充分安全感的孩子。也只有当孩子有了安全感之后，才能形成自信、乐观、乐于探索、对人友善等良好的个性品质。如果婴儿仅仅获得食物给养而没有得到足够的触摸和情感互动，会变得孤僻和忧郁，很难像正常孩子那样发育良好。

我们国家传统上父母不太会像西方国家经常拥抱孩子，很多父母在孩子长大一点会因为不好意思或为了父母的权威而逐渐减少对孩子的爱抚和亲密接触。这很容易形成孩子自卑、没有安全感等问题。当孩子长大一些之后，其实并不需要父母太多、太明显的身体语言，只在必要的时候对孩子摸摸头、拍拍肩这样的动作，都足以让孩子感受到自己是被喜欢、被在意的。

我的一位女性来访者自述，她非常反感别人和她之间的身体接触。当女孩子们三五成群牵手散步、逛街的时候，她总是独自一人大踏步往前走。有时闺蜜和她走在一起不自觉拉她手的时候，会被她尽量不露痕迹地甩掉，因为她觉得心里不舒服。如果是男性和她有肢体的触碰，她甚至会有恶心的感觉。

回想她的整个成长过程，父母和她从来没有过亲昵的行为和爱抚的举动。即使在她刚出生不久还是个小婴孩的时候，据妈妈说也很少抱她，她一直被放在床上一动不动地躺着，再大一点是在凳子上老老实实坐着。可以想见幼小的孩子是经历了怎样的绝望才被训练得不哭不闹，变得规规矩矩了。

按道理这位来访者应该是渴望得到一些身体的抚触以补

偿童年才对，但是她却排斥这一行为。这是因为她在这方面欠缺的时间太久了，几乎从一出生就被晾在了一边，相当于她在生命的最初就已经在潜意识里屏蔽了这一本能需求，因而她的"不配被爱"感是根深蒂固的，隐藏得更深。她的皮肤饥渴在结婚以后经过很长一段时间的婚姻生活才被激发出来。

并且据她讲述，她在过夫妻生活时似乎只要有深深的拥抱就很满足了。她不知道的是，让她感到心满意足的夫妻间的抚摸与拥抱，其实只是填补了她内心深处幼时的严重缺失，她所欠缺的还太多太多。

值得一提的是，华生由于在养育自己的孩子时彻底贯彻自己"不要亲吻和拥抱孩子""不要轻易地满足孩子"的理念，结果三个孩子全部得了抑郁症，要么自杀，要么无法独立，靠他的接济生活。

5. 幼时缺爱的你，会在长大后一直重复缺爱的经历

> 幼年爱的严重缺失，会在潜意识里形成"不配被爱"的信念。

哈洛的实验还有一个重要内容，那就是"长期缺母实验"。一群小婴猴出生后，实验员不让它们和妈妈接触，就让它们自己待在笼子里，定时投喂食物。8个月后，这些小猴被放进有"绒布妈妈"和"铁丝妈妈"的房间，但是当有可怕的实验玩具被放进笼子里时，这些小猴因为从来没有跟妈妈相处的经验，因而不懂得奔向任何一个妈妈求助，它们大都抱着自

已摇摇晃晃地瘫倒在地，发出绝望的尖叫。更可怕的是，这些小猴长大后非常胆小，完全无法融入猴群，并有强烈的攻击性和自残倾向。

实验表明，一旦幼猴在出生后跟母亲的分离超过90天，就错过了某个"关键期"，对其造成的伤害便无法弥补，后期即使再跟母亲或其他伙伴相处，情感纽带也无法重新建立，小猴永远不能再成长为一只正常的猴子。

按照人类和猴子的年龄比例计算，这个建立母婴依恋关系的关键时期可以推算为孩子出生之后的6个月内。哈洛的结论是："孩子出生后，父母特别是母亲，要避免与孩子的长期分离。长期分离会对孩子造成巨大伤害。"而弗洛伊德早在1917年发表的《哀伤与忧郁》一书中就指出，早期母婴分离，将对孩子造成严重的影响。

研究显示，幼儿被剥夺母爱时的痛苦，相当于成人面对亲人死去时的悲痛。

在强制与母亲分离的情况下，孩子的情绪会经历三个阶段：反抗、绝望和疏离。由哭泣、黏人、精神高度紧张地寻找母亲，到无精打采，提不起任何兴趣；再到接受现实，看似变乖。这时候大人们以为孩子恢复了正常，岂不知分离焦虑的阴影已经植根在孩子的内心，在他今后的人生当中，随时都可能在遇到问题时从潜意识里冒出来，让他的心中隐隐作痛，再难寻找到新的感情。

一位来访者曾经对我讲，她的二女儿在跟着奶奶生活了一段时间后，三岁时被她接回来和父母一起住，结果，女儿看他们就像看陌生人一样。她拒绝妈妈的拥抱，漠视母亲，抗拒母爱，更不会对妈妈撒娇，在妈妈去上班时女儿也没有任何的情绪波澜。她很害怕女儿会不会有什么问题，不知道应该怎样才能拉近亲子之间的距离。这是一个很典型的因为母婴分离造成孩子与妈妈之间情感疏离的案例。

在生活中，像这位妈妈的女儿这样的人有很多。童年的依恋满足会成为孩子一生的"心理资本"，给孩子能量和战胜一切的信心。而童年被抛弃的感觉则使他再也无法信任他人，因而将内心封闭，对外界充满戒备，将自己与世界隔绝，这样的人成年后很难与别人建立起亲密关系。他们不幻想能遇到自己喜欢的人，即使遇到了也不会去想与之交往，因为在他们的潜意识里会觉得根本就得不到。而一旦和一个人有了恋爱关系，又会想要紧紧抓住，就像幼时想要抓住冷落自己或丢下自己不管的妈妈一样。这样的爱要么卑微到让对方嫌弃，要么他的控制欲让对方窒息，到最后都不会有好的结果，所以情路坎坷也就不足为怪了。

另一方面，如果一个人在自己心里有"不配被爱"的信念，她（他）可能会在现实中一次次去验证这个潜藏的念头。因为在生命早期缺乏来自父母或主要抚养人给予的必要的爱与陪伴，没有足够的心理营养来安抚他们饥渴的内心，那么他们的一生都会寻寻觅觅，去寻找那一份本应在幼年时得到的爱与安全感。但是因为幼年残缺的被爱经历在潜意识里留下的惨痛印记，他们又会在选择恋人时不断吸引到所熟悉的会给她（他）带来伤痛的那类人，并在相处的过程中不断重复自己缺爱的经历，屡次因为对方的"始乱终弃"而使自己陷入巨大的不安之中，继而对自己的人生产生怀疑，不敢再去相信爱情。

有很多父母会觉得孩子年纪小，不懂事，没记忆，大了自然就什么都好了，什么都懂了，什么都会了。却不知道，恰恰是在孩子的幼年时期，在他看似没有记忆的时候，世界给他的所有回应都印在了他的潜意识里，伴随他的一生。如果在幼年时没有得到足够的抚触、运动和玩耍，长大后他们就会表现出性格内向、不合群、自我价值感低、抗压能力差、社交能力不足等性格弱点，在潜意识里留下自己"不配被爱"的烙印。

所以对孩子的抚养绝不是满足吃喝、给多少钱的问题，更重要的是对孩子的"心理养育"。尤其是孩子1岁之前稳定的"依恋关系"的建立，是在幼儿学习抬头、翻身、抓握、走路、吃喝、说话等技能的过程中与抚养人的互动中形成的，并由此催生出父母和子女之间的情感连接，进而发展出健康的亲情和友情关系。

这个时候如果父母对孩子的态度是冷漠的，对孩子的回应是消极的，长此以往，孩子对父母的情感期待便会逐渐降低，甚至消失，不仅对父母的感情冷淡，也会对长大以后走上社会的关系问题留下隐患。在这方面，留守儿童就存在严重的父母陪伴不足，这样的孩子长大后更容易出现自卑、亲密关系紧张等问题。

青少年心理问题研究专家李玫瑾认为，要想让孩子充分感受早期的爱与关注，需要一个稳定的养育者对孩子从出生开始至少6年的连续抚养，甚至可以延长到12岁。当我们想着赚够了钱再去陪孩子时，却没有想到孩子不会一直停留在3岁的时候等着我们。他们会飞快地长大，等我们再见到他们时已经变得陌生，并且无法再和我们正常地沟通。

所以，趁着你还是孩子的全世界，请给他百分百的爱吧！孩子天生依恋母亲，信任母亲，将自己全身心地交付于母亲，这是一种巨大的信任和缘分。不要在孩子需要的时候将他推开，使他和这个世界的联结断裂而陷入巨大的孤独之中。

6. 父爱的缺失不只是缺位，还有男性特质的缺乏

父亲给予孩子的应该是满满的安全感和底气。

一直以来我都认为自己是母爱比较缺失的，因为母亲性格有点暴躁，而且自身爱的资源不足，无法给到孩子一种全然的母爱，所以以前我和母亲的关系有点疏离，感情并不是很深厚。

相对来说我的父亲性格温和，印象中小时候常常会给我们讲睡前故事，或猜谜语等。有着一份不错工作的父亲也会骑自行车带我去各处见识身边别的小朋友见识不到的东西。但是几年前在身心能量整合专家肖然老师的一次课堂交流活动中，肖老师通过对身体触摸的方式，结合中医理论和心理学知识得出的结论是：我的童年时期缺少父爱。这让我百思不解。

我很认同肖然老师的身心平衡理论，相信我们的身体记录着我们的人生经历，以及不同阶段的情绪、情感和创伤，所以并未怀疑他的检查结果有什么问题，而是开始一遍遍检视自己的整个成长经历，试图从中找到答案。

经过多次对童年生活的追溯和分析，我得出这样的结论，虽然母亲在我的成长过程中看起来没有给予足够的关注，但是我自幼跟奶奶长大，奶奶的心地善良，对小孩子足够耐心，是内心比较富足的一个人，她对我的抚养与照顾也许弥补了我对母爱的需求。

同时我发现，虽然记忆里父亲参与我的成长要多一些，但是基本上只限于童年时期，只限于讲讲故事、学学成语这些，不能算是男性特有的陪伴方式，而且这样的陪伴在稍微长大一些也很快就没有了。除此之外父亲的性格决定了他对我的教育内容基本只限于"听话""不和人打架"这些内容，而这通常来讲应该属于家庭中孩子的女性抚养者对孩子保护性的教育内容，而不应主要由父亲来谆谆教诲。一个家庭中父亲的角色绝不是重复母亲对子女的陪伴和教育这么简单。

人一生下来有两个发展方向，一个是亲密性，是母亲具有天然优势的一面；一个是开放性，是父亲具有天然优势的一面。和女性相比，男性更具有冒险精神、探索精神、宽容精神和求知精神。他们带着孩子去做各种惊险刺激的事情，或者富有创造性的游戏，有利于开阔孩子的眼界，形成孩子良好的理性思维、逻辑思维能力和规则意识等，给孩子带来无限的想象力、创造力和生活智慧。

如果说母性教育是一种"根"的教育，那么父性教育就是一种"主干"教育，是以建立孩子人生"脊梁"为主要目标的教育，是人格教育、责任教育、远见教育、独立教育，也是性别教育。在一个家庭里如果父亲总是缺位，而妈妈又特别宠溺孩子，孩子就很难与妈妈真正脱离共生关系。并且研究发现，孩子智商的高低和与父亲的接触程度密切相关，每天都有父亲陪伴的孩子智商更高。

而孩子的成长如果没有父亲参与，则更容易引发出各种情感障碍问题，比如抑郁、任性、多动、低自尊心、早恋、偷盗、吸毒、酗酒等，并且易出现成瘾性人格，男孩容易性格阴柔懦弱，胆小怕事；女孩则容易成为"大叔控"。美国有研究显示，60%的强奸犯、72%的少年凶杀犯来自无父家庭；90%

离家出走的孩子来自无父家庭；75%的吸毒青少年来自无父家庭。

　　因此，父亲在家庭教育中有其特殊的地位和作用。由父亲和母亲共同教育出来的孩子，综合素质会更高，他们具有更强大的心理基础、长远眼光、创造能力和人际交往能力。所以英国著名学者哈伯特有这样的说法："一个好父亲胜过一百个校长。"父亲给孩子指出通往世界的路。

　　以前我们常常更重视父亲对男孩子成长的影响，因为男孩的男性特征主要从爸爸那里习得。然而现在有研究发现，父亲对女儿的影响可能还要大于男孩，父亲的陪伴不仅对女儿的智力开发有积极作用，对女孩心理健康意义更为重大，可以说关乎女儿的一生幸福。

　　父亲对女儿的影响主要体现在女儿对男性的认知和今后的婚恋问题上。在家庭中，通常孩子和母亲的连接更紧密，而父亲和孩子，尤其是和女儿的连接却比较弱，如果女儿缺少来自父亲的疼爱，从父亲那里感受不到被重视，父亲对女儿总是表现出拒绝、疏远甚至虐待，那么这种体验会沉积于孩子的潜意识，成为她"自我"的一部分，她会假设自己不值得被爱，形成自我的无价值感。

　　同时女孩会对男性不信任，在今后的亲密关系中就会自我感觉卑微，不断需要伴侣来给予自己肯定和爱，导致自己在关系中处于被动应付的位置。而积极的父女关系则可以使女孩在成年后的适应性更好，更自信，也更容易处理和异性的关系，并且事业也更容易成功。

　　我国现在的家庭教育中父亲严重缺位已经是一个非常普遍的问题。有这么一个故事，说中国的女性家长去接孩子放学，总是能碰到一位外籍爸爸来接孩子，就很好奇地问："你不工作吗？为什么每天都是你来接孩子？"外籍爸爸说："工作啊。我也很奇怪为什么在中国总是妈妈和老人来接孩子。"

一个焦虑的母亲，一个缺位的父亲，再加上一个无法无天的孩子，成了很多三口之家的真实写照，甚至爸爸不知道自己的孩子上几年级都是很平常的事。他们成了名副其实的影子爸爸，使得中国家庭的育儿方式成为所谓的"丧偶式育儿"。包括像成龙这样的明星也不例外，他在儿子房祖名小的时候偶尔一次去学校接孩子时竟然走错了学校，才知道儿子已经升入了初中。这是一个父爱缺失的典型代表。

男主外女主内，男人挣钱养家，女人做饭带娃，甚至人们普遍接受了"男人不会带孩子，陪孩子是女人的事"这样的观念，而将单一的妈妈的带娃方式作为唯一，由此引发了很多的家庭问题。比如男孩子缺乏阳刚之气、性别认同错位、责任感不强；女孩子自我认同感低，难以建立良好的亲密关系等。

事实上男人不是不会带孩子，而是不会像女人一样带孩子，他们也不应该用和女人一样的方法带孩子。只要男人愿意，他会有无数种让孩子惊喜的方式带着孩子飞。

而我从父亲那里得到的也许只是出了名的好脾气。我的一个同桌曾经在对我有了明显的侵犯行为后自我解嘲地对仍然满面笑容的我说："我在这里上学和好几个同学同桌，就和你没有发生过任何矛盾，和他们都吵过架。你脾气怎么这么好呢。"而对我的这一性格提出异议的是另一位女同学。那时面临高考，大家互相写毕业留言，班里所有的同学都在留言中夸赞我性格中的善良，只有那位同学在说到我的善良时不是以肯定的态度，而是以那个年龄的理解好心提醒我：太过善良以后在社会上是会吃亏的。

现在我知道攻击性是一个人最初始的生命力，完全没有是不可能的，如果没有，那这个人肯定是病态的。所以一些本应男性抚养者带来的物质和底气在我身上并不具备，因而父爱缺失也就不难理解了。

弗洛伊德说过："我想不出还有比获得父亲的保护和爱更强烈的儿童需要。"父亲是孩子的重要游戏伙伴，是男孩子的榜样，是女孩子的港湾，也是家庭的保护神。父亲带给孩子成就感，带给孩子不一样的爱与心理满足。我们说女儿是父亲的小情人，是爸妈的小棉袄，但是需要父母首先给年幼的女儿足够的温暖，她才能有温度去做父母的小棉袄。三岁以后在从母亲那里得到了最基本的生存安全感之后，父亲就要越来越多地参与到和子女的互动中来，直到儿子成家立业，女儿走进幸福婚姻。

父亲所犯下的错误，以及带给女儿的幼年创伤，只能在另外的时间由另一个男人来弥补。在《白雪公主》《灰姑娘》这样的童话故事里，美丽的女主角都是因为父亲的疏忽和错误而受苦受难，即被轻视、被伤害和被践踏，并且她们都需要另一个男人，也就是王子来拯救她们，从而使她们获得价值感。这就如我们在原生家庭当中受到创伤，需要通过恋爱结婚来修复内心一样，但是需要碰到一个像王子那样对女主角无条件全然接受的人，才能让自己重获新生。而这种无条件的爱原本应该由父母给予，才能使孩子身心得到健康成长，如果没有，就很可能在长大后的婚恋关系中兜兜转转遭遇更多的波折。因为大多数情况下，这个王子很难找到，原因是王子要找的是一位妻子，甚至是一个母亲，而不是一个自我价值感低下的女儿。

想要孩子飞得高，也许教育的根本是"拼爹"。而一个男人最大的成功，也许就是能有时间照顾自己的小孩。前提是，男人首先要学会用正确的方法去爱自己的孩子。

一个值得高兴的现象是，近几年随着人们育儿观念的不断进步，80后、90后这些年轻的宝爸宝妈们在子女教育方面有了更多更好的理念和方式。抖音里面看到过一些父亲带娃的视频，评论里经常有调侃说：有危险的时候爸爸最安全，没有危险的时候爸爸是最大的危险。这句话也许是中国的父亲们以更正确的方式参与到家庭教育中的一个具体体现。

7. 孩子的不良行为习惯，是因为安全感缺乏和爱的营养不足

孩子的任何一种不良行为都是一种自救。

是不是很多人都有这样的童年印象，就是小时候父母会因为孩子的一些看起来不太好的肢体习惯和动作而大声呵斥，或者是自己，或者是自己的兄弟姐妹，总会因为各种各样的小毛病挨老爸老妈的骂，比如：不停地咬指甲、快速地眨眼睛、结巴、下意识地抖腿等。

我记得弟弟十来岁时有一段时间总是喜欢挤眼睛，为此妈妈没少吼他，甚至吓唬他要拿根小棍儿把他上下眼皮支起来。这个毛病时好时坏持续了好几年，直到他初中毕业才好。而生活中有像咬手指这种下意识动作的人就更多一些，我见过的成年人和未成年青少年就有好几个，他们的手指甲光秃秃的，严重的甚至能把手指咬出血。

这类问题被爸爸妈妈们理所当然地认为是孩子的坏毛

病，应该戒除。但是他们不知道的是，所有这些行为问题都是孩子的一种自救，是他们在缺乏安全感和心理营养的情况下，为了不使自己的身心滑向更危险的境地而采取的一种本能自救方式。

精神饥饿与皮肤饥渴

当我们饿了的时候，会有饥饿感，这是物质的饥饿，需要通过吃食物才能解决肚子饿的问题。同时我们还有另外的一种饥饿，即精神饥饿，也就是心理饥饿。心理饥饿如果得不到满足，会影响一个人的体质和智力发展。

心理需求的满足最初、最重要的来源是父母的爱，尤其是母亲的爱。当婴儿被妈妈抱在胸前，母婴之间就建立起一种可以给婴儿充分安全感的连接，对婴儿起到有效的安抚作用，可以使婴儿迅速安静下来，情绪更趋稳定。并且有研究发现，出生后30分钟内就被母亲搂抱的孩子，在以后的成长中哭得更少，睡眠也更好。所以，父母的拥抱对孩子来说是一种心理的营养素，对他们良好个性和健康心理的形成有非常大的作用。现在的婴幼儿抚养提倡的抚触锻炼也正基于此。

孩子的身体里有一种自我保护机制，当关爱不足、内心匮乏、精神紧张、恐惧时，身体会本能地自动启动保护机制，通过一些特殊的方法使自己缓解紧张，平复心情，自我安慰，达到心理平衡。这些特殊的方法都反应在人的躯体上，也就是所谓的"问题行为"，在大人看来就是孩子身上的一些需要及早去除的坏毛病。

如果孩子在幼年时没有得到足够来自母亲或其主要抚养人的爱的拥抱和抚摸，就容易形成我们所说的皮肤饥饿，在行为上会表现出啃指甲、咬嘴唇等不良习惯。即使长大了也喜欢牵着大人的衣襟，在性格上则容易显得抑郁、孤僻，并且动作迟缓，反应迟钝，表情淡漠，身高较同龄的健康儿童也会偏低。那些问题行为演化开来就是让父母们非常痛恨的上网、看小说、打游戏等。

如果孩子的心理需求没有得到满足，这些问题行为又不被允许，那么他就有可能去做更危险的事，比如自残、吸毒、滥交、自杀。举个例子，假如孩子在哺乳期没有得到满足，有可能用吃手指去替代；假如吃手指不被允许，那么孩子长大后就很可能形成恋物癖。

像前面说到的那位非常抵触和他人有正常肌肤接触的来访者，实际上她最初的皮肤饥渴已经被完全压抑，直到结婚以后与丈夫有了肌肤之亲，皮肤的感觉慢慢被激发，才开始有了皮肤被触碰的需要。这其实是在满足她在幼时被抚摸和拥抱的缺乏，而非成年男女正常的生理需要。

类似的情况还有，一些文化程度不高的夫妇，尤其是在农村，有些夫妻隔三岔五就要打一架，打得不可开交。但是这似乎并不影响他们彼此的关系，打完很快就又说说笑笑日子该怎么过还怎么过。这可能是因为正常情况下他们不知道应该怎样满足自己皮肤饥渴的需要，所以会下意识地采取一些激烈的身体触碰的行为以满足自己的需要。

因此从另一个角度讲，这也是一种"打是亲，骂是爱"。监狱里那些动不动就打架的犯人也是如此，他们有很多人就是在幼年被爱不足，没有得到足够的爱的抱抱，长大后打架斗殴，养成各种不良习惯，在监狱里长期与外界隔绝更是让他们难以忍受，总要在同室的犯人间挑起一些事端来满足自己潜意识里的皮肤饥渴。有的孩子父母属于很冷漠、冷暴力的那种，于是他会宁愿挨父母一顿打也觉得是幸福的，因为起码从心理上觉得父母是在乎他的，生理上也使皮肤饥渴的状况得到一丝缓解，同时可以满足一下他们潜意识里和父母之间爱与亲昵的需要。

所以消除孩子皮肤饥渴，满足孩子的心理需求，最好的办法就是父母对孩子发自内心的亲吻和抚摸。在和孩子一起欣赏音乐、讲故事、看电影的过程中，对孩子的头、颈、背部、手臂、手掌等部位轻轻进行抚摸，这不但会满足孩子的心理需要，也会非常有利于孩子的身体发育。

孩子的交流需求与成瘾行为

与身体发育相对应的，还有孩子的语言发展。

语言交流是人类的一个重要功能，但并非随着长大自然就能掌握，而是从出生开始就需要周围环境不断给予刺激，使其通过观察、模仿来习得这一本领。但是有很多家长因为忙于各种事务，很少和孩子进行交流，认为孩子小什么都不懂，不用理他，长到一周岁左右孩子自然就会说话。而事实远非如此。

一个婴儿从一出生嘴里咿咿呀呀发出声音，就显示出了极强的和外界沟通的本能和需要，这种本能如果不被反复刺激——甚至有些父母对此不但不予理会，还会表现出不耐烦，这会让孩子根据父母的意愿闭嘴，除非迫不得已，不再发出声音，导致孩子以后语言功能发育迟缓或语音障碍。这也是一种语言上的饥渴。有语言饥渴的孩子以后在与他人的交流与沟通方面也会出现消极被动的情况，表现出内向、寡言等特征。

如果孩子在学习表达时经常受到父母的轻视和指责，即使是一个很有语言天赋的人，也可能因为紧张或自责而变成一个结巴。相反，即使婴儿一开始在语言表达上不是特别擅长，但是如果有父母的爱与认可，在学习表达时父母不催促、不嘲笑、不贬低，而是以鼓励和尊重的姿态去面对幼小的孩子，那么这个孩子即使发音不准，语速缓慢，但是依然会落落大方、逻辑清晰、毫不畏惧地去表达。

与孩子的各种躯体行为问题相对应的是，孩子网络、游戏成瘾，让一众家长一筹莫展，进而带来更为紧张的亲子关系。就在我写这篇文章的时候刚刚看到一则新闻，一位初中生的妈妈因为孩子在校打牌被叫到学校，到校后，她在走廊上扇了儿子几个耳光，这名学生在妈妈离开后跳楼身亡。由此我们可以看出，平时孩子与家长之间是怎样一种关系，怎样一种互动方式。

这些问题反映出来的其实就是孩子心理营养的缺乏。如果孩子和父母之间没有任何互动，那么孩子就必须寻找一个过渡的客体，比如电脑、手机、游戏机等作为情感依赖，实际上是从虚拟的人际关系和游戏的快感中汲取心理营养。

正常情况下，在陪伴他们度过一段黑暗的时光之后，他们会扔掉这些情感替代品，回到正常的轨道上继续向前发展，除非极度缺爱。如果父母既不能陪伴孩子，又不允许孩子玩这些东西，那么他们可能就会因为无处安放自己那颗渴望爱的心而导致心理崩溃，产生更严重的问题。

所有这些成瘾问题，其实并不难破除。如果爸爸妈妈能够在孩子年幼时做他的依靠，长大后做他的朋友，使孩子在家庭中得到内心的充盈和平静，获得精神上的满足，那么孩子也会很难被外界的诱惑所吸引。

8. 给不了孩子好的教育，就给他爱与自由

爱，其实就是最好的教育。

我曾经问过很多孩子的家长，他们都认为做父母要比开车难得多。然而，我们开车要先考驾照，做咨询要先有资格证书，很多的技术性工作都需要有专门的学习、培训、考核，达到一定要求才能上岗，唯独做父母这件最难最复杂的事却没有任何门槛，只要孩子生下来就自然升级为父母。

做父母常犯的一个错误是，一旦生了孩子就好像成了权威，在孩子面前似乎什么都懂，不管孩子干什么都要不断地去纠正、限制孩子，而错误的管教方法，对孩子过于严苛的控制，却往往摧毁了孩子原本正常发展的心灵世界。

因为一旦父母心里有"只有我才知道"的想法，那么他是"看"不到孩子的。所以，如果你不懂得如何去教育孩子，不知道如何给予孩子正能量，还不如放开手，给孩子自由。信任他，不打扰他，让他跟着自己的心，顺其自然地去发展自我。

我们常常可以看到社会上有这样一种现象，就是有些经济条件不好的家庭，看起来父母什么都不懂，甚至可能是文盲半文盲，但是他们的孩子却发展得很好，很优秀，用老百姓的话说就是"有出息"。而另有一些家庭，虽然家里条件很好，还花钱给孩子报了各种班，吃了各种小灶，长了各种见识，甚至可能父母双方都有很高的学历，但是到最后孩子不但没有如愿成为佼佼者，还可能出现各种心理问题。

这让很多没有教育好孩子的人产生一种错觉，那就是孩子什么样和父母的教育完全没有关系，因为不管孩子的，孩子反而可能学得好；管孩子的却可能更让大人失望。而真实的原因是，前者的父母没有装懂，没有控制，他们相信孩子，放手让孩子去实现自我，反而得到一个更好的结果。

亲子教育不同于学校教育，父母不一定要有多高的文化，不是要家长帮孩子辅导功课，而是要给他们创造一个温馨的家庭环境，培养他们拥有健康的心理和好的行为习惯。我经常会讲以前我老家的一个故事。有一家父母都是文盲，就靠着家里的几亩地生活。他们家有三个孩子，老大上小学时要领着二弟，背着三弟，还要在放学后帮父母做各种力所能及的农活和家务。但是他学习却很好，后来考上了武汉的一所重点大学，并留在武汉一家主流媒体供职，结婚生子也全都一个人解决，完全没有让父母操心。

这家的父母看起来在学习上不能给子女提供任何帮助，甚至还有很多生活的重担压在孩子肩上，孩子取得的成绩似乎和父母没有任何关系。事实上，这对夫妇给孩子提供的是成长最重要的东西，那就是一个温馨和谐、充满尊重与信任的家庭氛围；一种波澜不惊的平和心态；以及勤劳、专注、善良的品质和习惯。因此这个孩子才能够在这样的家庭里安心地长大。同时他目睹父母的辛劳，因而懂得感恩，在自己的学业、婚姻大事上不再给父母增添任何的负担。

孩子与父母间亲子关系的质量如何，决定了未来这个孩子与整个世界的相处模式。想让自己的孩子以后能够在这个社会上信心满满地与全世界相处，最好的办法就是给他以爱的陪伴。

有质量的陪伴是对孩子最好的教育

现在年轻的父母工作压力大，少有时间陪伴孩子，更有很多人外出打工直接把孩子扔在老家，造成孩子与自己的严重隔膜。

隔代帮忙可以，但是隔代抚养是个很大的问题。尤其是婴幼儿和母亲相处的价值被严重低估。孩子由母亲带到这个世界上，他和母亲之间的联结就是和这个世界的第一个联结，也是最重要的联结，决定了孩子以后和这个世界的关系。这种联结来自孩子和母亲日常的肌肤相亲、母乳喂养、言语交流等，是需要"屎一把尿一把"日复一日地拉扯才能够获得的。一旦错过这种联结，也就等于切断了孩子和这个世界的联系，使孩子在心理上产生被遗弃的感觉，从而失去对母亲的信任，在心理上产生极大的不安全感，使正常的生命潜能受阻。

如果父母缺席了孩子成长最关键的几年——虽然当时少了麻烦，但是在孩子成长时省下的力气终究会反噬回来。因为没有在孩子幼时就开始的亲密相处，等长大一些再想插手他的教育，你会发现孩子已不是那张你想怎么画就怎么画的白纸了，更大的麻烦一定会在孩子今后的成长中等着你。人和人之间的感情没有捷径可走，孩子幼年和父母分离对他们造成的心灵伤害不是想补就能弥补回来的。

我女儿小的时候也有过这样一段时间，一周岁刚断奶，孩子就被奶奶迫不及待地带回老家，于是我们每到周末就回老家看孩子，当时的想法是不能让孩子和我之间有太大的隔膜。即使这样，一段时间之后我仍然发现了问题。因为每次回家看过女儿之后要返回时，正在玩耍的女儿都会一下子安静下来，送我们到大门口，然后站在那里眼睛一眨不眨地盯着我们的车渐行渐远，不哭不闹也不动，用奶奶的话说就是，眼里像带着钩子。直到我们拐弯看不见了，还舍不得回家。

但我却从这样的"懂事"中看到了危险。这么小的孩子，明明心里非常想跟着妈妈走，她却不哭不闹，即使还没到"绝望"的程度，也很大可能有担心被抛弃的克制。因为家里的老人为了让孩子听话会对孩子说类似于"不能哭，一哭妈妈就不要你了……"这样的话。于是，小小的孩子为了不失去妈妈，为了妈妈下一次还能来看自己，只能压抑自己的情绪以博取大人的欢心，避免被爸妈扔掉。

所以我很快做出决定：我不应该缺席孩子的任何一个成长瞬间，我一定要让孩子待在自己的身边。几个星期后，我把女儿接了回来，让她那颗提心吊胆的心踏实落地。这个下意识的决定，应该多少减轻了一些女儿幼小心灵可能受到的伤害。

但是并不是说，你离孩子很近，待在孩子的身边，就是在陪伴孩子。如果孩子在你面前，你却要么刷手机，要么心里在想着明天的工作，根本注意不到孩子的情绪和需求，那就完全起不到陪伴的作用。

真正的陪伴需要全身心地投入，需要有亲密感，需要你能真正"看见"孩子。当你深入孩子的内心，你会发现孩子是多么希望爸爸妈妈能陪自己一起玩，一起疯，一起闹，一起学。如果你真的爱孩子，那就放下父母的架子，去理解孩子的哭，读懂孩子的笑，和孩子一起去感受生活的美好和温馨。如果你不会带着他们玩，那就让他们带着你玩，让自己和孩子一起成长，共同面向未来。

如果孩子在幼年时没有得到足够的爱与陪伴，到了青春期就会形成无助、彷徨、自暴自弃、烦躁不安等不良精神状态，包括不会爱，对身边的亲人只有负面情绪，不容易看到别人的优点，也就很难感受到生活的乐趣。他们虽然并不一定比别人差，但是他们会自我感觉很糟糕，没有成就感，没有方向感，会觉得自己和周遭的生活一团糟，对未来没有信心，没有希望。

这样的孩子其实是很聪明的，因为他们能思考，能看到问题，会考虑到很多别的孩子压根不会去想的事情。但是，感情上的欠缺会使他们变得敏感和斤斤计较，要么心理上出现障碍，要么品行上出现问题，要么生活的质量受到影响。因为人在感情上很少能越挫越勇，童年时期情感得不到满足的人，一定会在生命中留下一些无法痊愈的伤口。

爱是什么？

父母对待孩子，往往只在他婴幼时期表现出很大兴趣，对孩子身上出现的任何一点变化，不管是有意识还是无意识表现出的任何一项技能，都觉得很新奇，很好玩。等稍微长大一些，尤其是上学后，不但爱与陪伴严重不足，甚至只要一见到孩子，看到的全是毛病。这个不应该，那个不允许，总之横竖都看不顺眼，让孩子感觉不到父母的爱，反而觉得是父母嫌弃自己，心里根本就没有自己。这样的情况下，孩子难保不出问题。

小孩子的情感是单纯的，在他们的心里，爱就是在一起。但是大人往往更多关注了其他功利的东西，要学习好，要注重生活品质，要出人头地，要学习各种本领，并把注意力集中在对孩子的"说教"上，却唯独忘记了关注孩子的情感需要和心理是否健康，仿佛这与孩子以后的生活无关。但是恰恰相反，内心情感的丰盈才是孩子今后生活幸福与否的关键，对孩子的教育就是陪着孩子一起成长，而非说教。

有很多人对孩子严格，造成孩子幼年缺爱，是因为怕对孩子"溺爱"。这是搞混了"溺爱"和"爱"的概念。

爱孩子除了满足孩子生理和心理上的需要，还要让孩子明事理，懂规则，要让他们知道什么是对，什么是错；什么该做，什么不该做。溺爱则是不管对错、无论什么，都不计后果地满足孩子的所有要求，却把教他如何做人的道理完全忽略了，其结果就是，孩子不懂道理，任性自私，成了一个没有教养的人。

我们要很清楚一点，只有一岁前的初生婴儿，才是怎么爱他都不过分的，尽可能百分之百满足他的需要。孩子稍微大一点就一定要在和他的互动过程中，通过语言或行为逐渐让他知道必要的规则和做人的道理。

当你因为孩子不尽如你意而感到愤懑，甚至对孩子不再有好脸色时，那是有条件的爱，不是真的爱。这时候不妨学习一下孩子对大人的无条件接纳，因为他们只是全心全意地爱着父母，从来不对父母提出额外的要求。如果你觉得你的孩子对父母有各种要求的话，那一定是你给孩子做了那样的榜样。

接受孩子的现在，相信孩子的未来。宁愿相信孩子大器晚成，也不要因为孩子的无心之过就给他们贴上"无能"的标签。给孩子自由生长的空间，他自会充分吸收阳光雨露，想办法抵御风雪严寒。

9. 当你的微笑不自然时，其实只是在讨好

当"笑"不再是为了讨好，才是发自内心的愉悦。

这件事已经过去了很多年，但是我印象非常深刻。有一次在北京和一个朋友吃饭，那是我除了咨询师同行之外几乎仅有的一个懂我的、能够深入交流并且能和我一起讨论童年创伤话题的朋友。吃饭聊天时，他突然抬头看了我一会儿，说：你不要总是那样对着人笑。

我一愣，起初没有明白他的意思，转而恍然大悟，知道是我习惯性的微笑让他感到了不舒服，又或者，他是替我感到了不舒服。他看到了我微笑背后的东西，那是一种讨好。

经过不断的学习和成长，我自以为已经不太会像以前一样，不管在什么场合、什么情况下，只要面对别人就会不自觉地露出讨好的笑脸，担心别人会因为我态度不好而生气，或对我产生什么不好的印象。但是现在看来，即使在婚姻家庭咨询行业里锤炼了多年，原生家庭对个人成长早期的影响也依然存在，那是根深蒂固的。即使在意识层面很清楚这个问题，并且已经有了很大的改变，但是在潜意识里，不知道什么时候它还是会不经意间冒出来，暴露出幼年的缺失。

懂事、脾气好、爱笑，这似乎是我从小到大一直带着的三个标签。所谓懂事，就是听话，懂道理，顾大局。所谓好脾气，就是和任何人都没有矛盾，从不和人吵架，不对任何人发火。爱笑和好脾气应该是同一个问题的不同侧面，笑只不过是

好脾气的一个外显特征。

实际上这三个标签代表的是同一个意思，即都是以他人为中心，没有自我的存在，或者说"我"存在的意义就是为了让别人高兴，让别人感觉舒服，而完全没有了"我"。

这种性格的形成，当然首先和幼年时在原生家庭当中父母及看护者与孩子的关系和互动有关。我的母亲在幼年时爱就是有缺失的，导致不太具备爱子女的能力。早年的生活经历使她可能对于自己第一个孩子的到来完全没有感受到喜悦，而只是觉得多了个负担，因此从一开始对幼年的我的态度就不是那么慈爱与温和。而我可能一来到这个世界，很快就感觉到了周围环境的不友善，学了自己乖乖地不给人添麻烦；学会了根据抚养人的反应用"笑"来博取外界的欢心。

三个月以内的孩子处于没有任何生存能力的最弱小、最无助的时候，是大人无论怎样呵护都不过分的时期。同时在心理上又处在全能自恋期，对自己和外界的关系处于混沌的认知状态，没有你我的概念，视自己为全世界，自我感觉无所不能，张嘴就有饭能吃饱，撒尿一哭很快屁股下面就会变得清清爽爽。这一时期如果有一个可以无条件任他索取的人，就会在他的内心深处植根一种很强的安全感伴他一生，使他有一个良好的心理基础。

相反，如果在年幼的时候对孩子的爱不足，以至于出现冷漠、暴力，甚至不能满足吃喝拉撒这些最基本的生理需要，孩子最初的心理构建就会非常薄弱，可能一些心理问题的种子也就由此种下了。

也许那时我已经在潜意识里知道，需要讨好外界，迎合别人以求得生存。并且在成长的过程中也会越来越发现，不管是对父母家人还是街坊邻居，笑是一个很讨喜的行为。当我对别人微笑时，总是会得到别人的赞美，而别人对我夸奖会让家人觉得脸上有光。无疑，家人对于"笑"这个行为是肯定和鼓励的，这既是他们的行为原则，也进一步强化了我的这一行为。因为我的生存有赖于他们，所以，我需要得到他们的肯定，并成为和他们一样的人。于是"不笑不说话"成了我的一个标志。

但是我自己并不知道这个下意识行为是怎样一步步形成的。带着这样的特质，我从家庭走进学校，又从学校进入社会。这个从来只会给人好脸色、从来不会发脾气的人，就这样带着性格好、脾气好等类似的标签为人所称道，使这些特质和行为习惯又被一再强化，让我认为这样是好的、对的、理所应当的，却忽视了很多时候面对他人微笑时脸上的不自然和自己心里的不舒服。这和因为心情愉悦与舒畅发自内心的笑容完全是两个概念。

好在我有比较好的自我觉知的能力，当感到越来越压抑、无法展现自我的时候，我意识到必须做出改变了。于是我开始采取行动自我干预，并借着工作的信息优势，让自己加入了国内最早一批婚姻家庭咨询师的行列，不仅有利于自助，更能帮助别人，帮助那些和我一样因为原生家庭问题而给自己带来困扰的人们。

一起吃饭的朋友之所以能看懂我，理解我，是因为他自己也有一些难以弥合的和原生家庭有关的创伤，并也具备很深的自我觉察与共情能力。

他的父母家人是走仕途的，在社会上有一定地位，因此自然希望唯一的儿子能出人头地。然而他很不屑于官场上的一套，于是违背父母意愿执意自己出来创业，以证明"我能行"。

他和母亲之间是有隔膜的，除了工作的事情外，在婚姻上他不顾母亲的强烈反对，执意和一位外地来京打工的在他看来很有头脑的私企小职员结了婚，为此不惜与家里决裂。

他是这样评价母亲眼中的自己的：她觉得她的儿子是世界上最好的、最优秀的，地位高贵，身份不俗，样貌能力超群，觉得人家配不上他。实际上他儿子一钱不值！

是的，他把自己形容成这样，虽然他明明是一个看起来风度翩翩的绅士。

我不知道是怎样的经历让朋友对自己下这样一个结论，但是从朋友的叙述中我能想象，他作为家中长子，在青少年时期，在条件优越的原生家庭中，曾经是怎样面对对他寄予厚望但又不懂得家庭教育方式方法的母亲的。那种毫不留情的否定、质疑，恨铁不成钢的贬低、挖苦，只能让青春年少的儿子愈加叛逆，并在血气方刚的年龄用与家人的希望相反的行动来证明自己。

比他小很多的乖巧的妹妹，无疑在家中得到了更多的宠爱和肯定，在家人的支持下年纪轻轻一路做到了知名国企高管的位置。

朋友现在有自己的公司，做得很不错，并且他很以自己能让老婆无须辛苦工作便可以周游世界各地为傲。

其实他应该庆幸，年幼的时候，也应该是得到了相应的爱与呵护的。只是在稍微长大一些后，因为男孩子调皮的特性，以及到了青春期逆反期受到了家庭出于管教目的的贬低和压制，否则他会在骨子里觉得自己不行，根本不可能有反抗的心理基础和能量。

而这个曾经在自己成长的过程中遭遇了很多波折、痛苦与煎熬，现在事业做得很好的人，带着他的经历与理解，给予了我很多心理上的帮助和支持，甚至在一定程度上弥补了我童年的创伤。

我知道在他面前我不需要讨好，我也明白他是在告诉我，我在任何人面前都无须讨好。

那次之后，我开始有意识地注意去觉知自己微笑背后的深层含义，看是否有讨好的成分。我也越来越习惯依照自己的内心感受以各种表情示人，而不只是讨好的笑脸。如果笑，那便是发自内心的，或是礼貌性的笑，而非仅仅因为怕别人不高兴而讨好地笑，然后还要纠结别人会不会因为自己没有适时地报以适当的笑容而心怀不满。

于是，我越来越可以做真实的自己。

10. 缺乏安全感的老板才会带出
工作被动的员工

真正限制你变强大的，是你内心的不安全感。

有一位公司的老总，向我诉苦说他的员工工作总是很被动，公司需要他操心的事情太多，什么都要亲自过问，每天都生活得很累。他熟识的一些做老板的朋友看起来都很轻松，只要把工作布置下去，具体的操作交给下属就好，自己什么都不用管。他不知道自己的问题出在哪里。

朋友的公司不大，正在发展期，只要运作好了，不用投入特别多的精力。但是为什么他会如此疲累呢？在他的公司里逗留了两天，我发现，朋友的公司乍看起来有模有样，但是在管理上很不规范，基本属于家族式管理，启用的管理层、重要部门的人员，全部是他的家人或经过他亲自考核考验后确认可以成为自己人才使用的。而在日常工作中，作为老板本来可以撒手让大家按照程序按部就班地工作，但是朋友却非常不放心，一定要亲自过问，亲自布置，亲自联络。他有公司所有员工的联系方式，对每个人都要暗中观察、监督，并且很害怕大家私下里营私结党，想把每个人都抓在手上。

这样看，他的员工之所以工作被动，完全是他自己造成的。当他不信任下属，觉得员工肯定会出问题时，员工可能真的就会给他一个他要的结果。所以为什么会形成这样一种复杂的、似乎全部关系都纠缠在一起的工作方式呢？这明显是朋友内心的安全感严重不足导致的，一切事务都要自己亲自掌控才感到放心。也许正因为这样，他的公司一直没有太大发展，只是维持着基本的运转。

在和朋友的深入交谈中我了解到，在整个成长过程中朋友的父亲都是缺位的，而母亲对他从小的管教方式就是糊弄和欺骗，对他提出的要求要么撒一个谎来打发他，要么为了哄他高兴许下承诺却又从来不兑现。久而久之就形成了他疑神疑鬼、不容易相信别人、凡事都要亲力亲为、亲自掌控才能放心的习惯。

但是我们都知道，不管是夫妻、朋友，还是同僚，这些关系都是基于对对方有效的人格、品行、习惯的判断，建立在相互信任的基础上。正所谓用人不疑，疑人不用。如果对任何一件事或一个行为都要用尽心思、想尽办法亲自去验证，那真会活得太累了。而且在这个验证的过程中因为一些手段的运用，还会让人质疑这个人的素质和人品，非常容易引起别人的反感。

很多时候当我们去判断一个事物，并不是根据事情的客观事实，而是按照自己内心的推测来得出结论，我们对事物的判断大都是基于个人的经验和逻辑，很难从对方的角度去做判断。不同的人对同一个事物的判断不但可能出现严重偏差，甚至会得出完全相反的结论。比如，超出正常情况的付出，可能代表着爱，代表着升职加薪，代表着对家庭的贡献等，但也可能被解读为对自己其他弱项的弥补、做贼心虚，或者是抱有不良的目的和企图，或根本就不相信真的会有这种努力和付出。一个心理阴暗的人，他所看到的世界全都是阴暗面；一个心地善良的人，即使遇到再多不幸，也还是会选择相信善良。如果你认为一个人品行不端，当他和异性交谈时，你可能会觉得是在打情骂俏；一个你厌恶的人，他即使做好事，你也会认为他是假模假式故意装样子。因为不适当的判断而得出和事实完全相反的结论，很容易毁掉双方的关系，使双方都受到伤害。

所以当我们去判断一个人的时候，一定是基于对他的基本了解，而不是对他所做的每一件事都要亲自去一一验证。更何况，对于理念完全不同、高度、格局差异很大的人，你可能永远都无法理解对方的所作所为，也就无从对对方做出正确的判断。

很多时候没有安全感会成为我们放纵自己的理由和借口。当我们依赖别人，会说是因为没有安全感，甚至会借此在恋人面前各种"作"。但是这位朋友的安全感缺乏是他完全没有意识到的，甚至如果是一般的同事朋友给他下这种结论，他可能会反驳。

我告诉他，心理学上有一个现象叫"自证预言"，意思是，当你的内心相信某种事情会发生、笃定某种情况会存在，你的情绪就会顺应你的内心，想方设法找到证据证明这种可能性，使事情朝着你怀疑或相信的那个方向发展，最终使你的预言成真。

这听起来有点像"疑邻盗斧"，但意思并不相同。如果你总觉得别人是不可信的，不敢放手把事情交给他们去做，那么他们也很难按照自己的想法全心全意踏实地去做事，因为你不但总是干扰他们工作，他们还会根据从你那里接收到的信息去调整自己，使自己变成你想象中的样子。但是如果你相信别人会通过规范的管理把工作有条不紊地做好，那么他们在得到信任后也会按照你的意见加倍努力施展出自己的全部才智，给你一个意想不到的惊喜。这中间你只需要对工作情况适时了解、适当调整就好了。这更像吸引力法则，当你的内心相信什么，你就会吸引来什么，不管是好的还是坏的。

但是真要改变潜意识里的东西是相当有难度的，而且我的朋友这样做还有另外的原因，那就是他怎么分配财产的问题。因为这位朋友的身体不是很好，唯一的儿子又在国外，不可能回来照顾自己，可以说他是孤身一人。所以他有些担心自己的身体，一直在做的一件事情是，想找到一个或几个真正对他好的人可以照顾他，以后他也好把自己的财物送一些给他们。这样在公司的管理上他就更加小心翼翼。

这其实仍然是一种没有安全感的表现。但是朋友已经理解了我的意思，若有所思地表示要让公司的工作和自己的生活有一些改变。

两年后，这位朋友约我出来一起吃饭，向我表示感谢。因为他的公司在两年时间里经他慢慢调整，已经和以前大不一样，日常经营基本不再需要他来插手，他只偶尔到公司转转，没事的时候就去国外待上一两个月，公司有问题需要向他请示的时候，他就远程指挥，不再像以前那么紧张着急了。

当他试着撒开手，他却发现公司的运转反而更顺畅、更有活力了，甚至因为行业原因，公司还有了蓬勃发展的势头，不然他也放不下心去国外待着。他也不再像以前那样总是担心自己的身体，担心以后的事情，而是安心享受每一天，一切顺其自然。这样身体状况反而也一天比一天好了。

11. "否定式"教育的恶果——用一生所为向父母证明自己

有的人终其一生的努力，都只为得到父母的一句肯定。

我的一位女性来访者是某公司副总，我们暂且称她为T。她因为和父亲关系紧张而找到我，不明白父亲为什么对她总是如此苛刻。她已经很努力了，而且作为女性也算是比较成功的了，可她就是高兴不起来，因为父亲似乎从来就没有认可过她的成绩，总是把她的努力贬得一文不值。就算现在她已经是公司的高管，父亲也只是轻蔑地哼一声，不认为她做到副总有什么了不起，那不过是瞎猫撞到了死耗子罢了。这让她心里很不舒服，一直郁郁寡欢。

T的父亲是否定型家长的代表，在她的整个成长过程中，几乎没有听到过父亲对她的一句肯定和赞扬。

与其说是和父亲的关系问题，不如说是她一直在等待或渴望父亲对她的肯定和认可而不得所产生的一种巨大的心理落差。

经过了解我发现，T作为家里唯一的女孩，并未得到来自父母更多的关爱，相反，她一直是在父亲的否定中长大的。据T说，小时候父亲就看她不顺眼，无论她做什么都是错的，总能找到打击她的理由。为此，她更加努力地去证明自己，家务活儿总是抢着做，以免被认为光吃不做；学习上非常刻苦，一直保持在班级的前几名。但是父亲对她的态度并未因此改变，认为她学得再好也没有用。

越是这样，T就越想用行动证明自己是可以的，是有用的，是有能力的，是会为父母争光的。她不敢懈怠，也担心父亲会因为她的成绩不理想让她退学，她已经认定只有通过上学这一条路来证明自己了。

所以T一路过关斩将，考上了不错的大学，有了自己喜欢的工作，并且经过不断努力，做到了现在的位置，为此连恋爱都没有谈过。她以为自己终于可以在父亲面前扬眉吐气了。但是父亲的关注点似乎根本就不在她的工作成绩上，而是很不屑地说了一句：副总又怎样？还不是一样嫁不出去！

这突如其来的打击让T一下子无话可说，多年的努力似乎全都落了空，心情低落到极点，连死的心都有了。

生活中有很多这样的人，他们在成长的过程中长期被父母贬低，从不曾得到来自父母的任何肯定和赞美。而父母作为给予孩子生命又对孩子的生命安全提供保障的人，他们的认可是孩子价值感的来源，对于幼年的孩子来说是人生中最初也最可贵的前进动力。只有年幼时在父母那里得到了认可，他们才会在潜意识里知道自己是有价值的，他们才会觉得人生是有意义的，在今后的道路上，才会遇事不迷茫，做事有动力，才会有幸福感。

在原生家庭一直备受打压的孩子，由于总得不到来自家长的正面回应，他们就会不断地去证明自己。有的孩子一生努力拼搏，都仅仅是为了得到来自父母的一句肯定的话语，而这样的人并不在少数。如果说为此能够取得一些成绩，算是一种积极的结果的话，那么另有一些不管怎样努力都无法取得成功的人，他们很可能就会自暴自弃，破罐破摔，在萎靡和自卑中度过一生。

中国公安大学教授、著名犯罪心理学家李玫瑾说：所有的社会问题都是人的问题；人的问题是社会问题；人的问题是早年的问题。

人的生命需要五种内在的深度需求，即包括精神和物质需求在内的安全感的需求；允许做真实自己的被接纳的需求；关系中最常见的被关注的需求；带来成就感、价值感的被认可的需求；生命最深层的被信任的需求。T的案例涉及的就是被认可的需求。

在中国的传统教育理念中，否定式的教育方式常常使被认可的需求最难得到满足，也最容易给孩子带来痛苦。有太多的孩子在父母的否定中长大，自幼被拿来和邻居的孩子比较，和班上的第一名比较，为了防止孩子骄傲自满，总是有意忽视孩子的成绩和优点，专门盯着孩子的不足并不断放大，时刻提醒着孩子：你不行，你什么都做不好，你还差得远，你什么都不是，极尽打压之能事。这种打压可能出于从心底里对孩子的不认可、不喜欢，所以满眼都是嫌弃；也可能出于过度追求完美，不容许孩子有一点点瑕疵，对孩子总是有太多的不满。但是其结果无外乎以下两种。

一是孩子会因为父母对自己的不断否定而变得自卑，在潜意识里给自己贴上"我不够好""我不够优秀"的标签，以至于在今后的整个人生道路上谨小慎微，不管自己做得多好，还是随时都在担心砸锅，担心被批评，甚至即使得到了领导的肯定，受到周围人的称道，也仍然会觉得自己做得不够好，会因为不自信而不敢坦然接受别人的表扬。很多看起来非常谦虚的人其实不是他们故意要谦虚，而是真的心虚。在父母的否定中长大，他们很难真正认同自己。

二是孩子会不断地去寻求父母的认同，直到最初"被认可"的内在需求得到满足，但是这很难，就像T那样。他们可能终其一生都会在努力争取父母的认可中苦苦挣扎而不得，除非父母能够对自己的问题有所认识，改变对子女的态度，或者孩子在外界的辅助下通过不断自我成长，认识到自己的问题和父母的问题，从而放下心结，与父母和解。

生命的本质，说到底就是爱，是父母给子女天然的爱的滋养。这可以让子女的内心丰盈，并从中学会爱，进而在今后的人生中有底气地去拼搏，去爱人，并得到爱。好的童年是一个人一生的"心理资本"。因为人对自己最初的认识是通过外界和他人的反馈，当一个人幼时被家人、被养育者所喜爱，表现出来的就是被父母接纳，被家人肯定，他必定喜爱自己，并在社会上自然而然得到来自他人的喜爱，遇到再大的困难也有来自心底的巨大力量支持他去克服。如果一个人在幼年得到的都是贬低、指责和挑剔，都是"你不行""你很丧"的明示和暗示，那么这种对自己的认知就会深入潜意识，使他在长大后没有信心，即使成绩再辉煌，也永远在心底里觉得矮人一头。这样的人一方面对周围人对自己的评价反应非常敏感，另一方面会用更努力的行动去不断证明自己，以期达到自己心中那个完美的目标。但是我们都知道，所谓的完美是不存在的。

一个人在生命的最初得不到来自给予自己生命安全的父母的认可，就会在心里形成自我认可度低的自卑性格，并严重缺乏安全感；当他在整个成长过程中总是被挑剔，被期待更完美，在长时间按照他人的标准和期待去行事且永远也无法达到要求之后，会陷入虚无之中，产生严重的无意义感，会对人生产生怀疑。这种无意义感让孩子长期挣扎在没有信仰、没有追求目标的泥沼中，甚至出现焦虑、抑郁等心理问题，乃至对这个世界绝望，对自己厌恶，需要花很大力气才能让自己在这个似乎并不属于他的世界上继续活下去。一些青少年恶性案件或自杀问题皆源于此。

奥地利心理学家阿尔弗雷德·阿德勒曾说：幸运的人一生都在被童年治愈，不幸的人一生都在治愈童年。父母想要孩子在一生中有强大的心理资本去面对一切而不被生活所打倒，就不要在他还没有建立起强大心理能量的时候对他一再打击，而是应该尽己所能支持和鼓励孩子成为他自己。这样才能让孩子清晰地知道自己是谁，要做什么，并尽最大努力做到最好，同时在做的过程中看到自己的价值所在。

第

章

我们的身体会说话

——原生家庭创伤的深层表达

　　身体是我们与内在之间的交流工具，你是自己身体的创造者，当然也是身体疾病的创造者。你既可以让疾病进入你的身体，也可以让病痛根据你的意愿离开你的身体。本章揭示身体与心理的内在关系。

1. 家庭模式的代际相传，使创伤性 成长环境持续存在

你改变的只是你觉察到的部分，可潜意识你却无法控制。

我们都已经知道原生家庭对人的心理影响至深至远，甚至决定了人生的走向和幸福，所以很多人意识到原生家庭的问题后，尽可能地规避其对自己产生的负面影响，修正幼时形成的一些不良行为习惯和思维方式。但即便这样，也仍然会在生活中不知不觉犯下与自己父母同样的错误，会在升级做爸妈后成为自己当初反感的爸妈的样子。

这是因为有些根深蒂固的下意识行为是在年幼的时候形成的，比如三岁以前或有记忆之前，这时候形成的东西是深入潜意识当中的，所以很难为自己所觉察，而有记忆以后的影响则常常能被我们觉察、反省，进而主动做出改变。

中国民间有"三岁看大，七岁看老"的说法。这一说法并不仅说明在孩子三岁的时候就能知道其成年后的脾气秉性，七岁的时候能看出其一生的生活状态，而且更意味着三岁之前对孩子的抚养、教育方式至关重要，决定了孩子今后的心理健康和幸福度。七岁之前，如果父母一直以一种错误的教养方式对待孩子，那么可能会亲手毁掉孩子的一生。

这是因为，人的依恋模式在婴幼儿及少年时期形成，而这一时期一般都是以父母为主要抚养人的成长时期。按照现代

心理动力学理论，人们会根据生命早期客体关系的体验，来寻找现实生活中与之相符的人和事，这使得一个人的亲密关系与其幼年时期的依恋关系模式密切相关。

婴儿出生前的胎儿时期，生活在安全、舒适的环境中，当他与母体分离，突然来到这个陌生的世界时，会产生非常强烈的不安全感。这时候不但需要生养他的人给他提供足够的食物上的满足，更需要外界给他心理上的安全感。因为婴儿如果处于极度的不安全感中，不仅其心理会受影响，他对食物的消化和吸收也会受影响，进而使他的身体健康受到影响。而早期的不安全感更会跟随他的一生，使他在整个的生命过程中处于战战兢兢的安全感缺乏状态。

这种早期的安全感首先是孩子的母亲给予的。当母亲能够给孩子提供最初也最重要的安全感时，即幼儿对食物的需要以及适当的爱抚随时可以被满足，并且可以任意释放他的攻击性，那么这个婴儿就有了最初的安全感，形成对母亲的天然依恋。

遗憾的是，我们的母亲即使在子女的生命之初，也并不是全部都能给自己的孩子全然的爱与关注。她们可能对孩子无休止的索取回以冷漠，对孩子的哭声感到烦躁，对需要为孩子做的吃喝拉撒各种琐事感到厌烦，进而在对待孩子的态度上显得极不耐烦，在行动上不能及时满足孩子的基本生理需要。更有甚者还可能在情急之下对幼小的孩子施以暴力，让孩子还没有认识这个世界的全貌，就感受到了世界对他的敌意。

在这样的环境下成长，婴儿从一开始就在心理上出现了创伤，并发展出对这个世界的防范机制，使其潜藏在自己的身体里，成为长大后社会交往中潜在的问题来源。

再长大一点，孩子表现出调皮的天性，入学以后家长又开始为孩子的学习着急上火，青春期遇上更年期时的麻烦接踵而来。孩子作为被教育者，对家长的不满以及家长的一些不当做法有了记忆，这时候如果他能够意识到自己原生家庭存在的问题，意识到父母在子女教育、亲子关系方面存在的问题，那么他们会在自己结婚生子之后，有意识地去改变当初父母的一些错误做法。但是在有宝宝之后，他们仍然会在不知不觉中犯下与父母同样的错误。这是因为在他们有记忆之前，以及在记忆之外的那部分潜藏在潜意识里的应对方式，在自己完全没有觉察的情况下在起作用。那个很难被自己觉察到的部分，也恰恰是难以改变的部分。

在第二章第二节里我们说到的W，因为不想她的孩子再重复自己以前的生活，不想让女儿在心理上觉得花家里的钱对父母有亏欠，在向父母要钱、花钱的问题上有和自己以前一样的困窘，早早就让孩子学着自己去买一些比较简单的物品和食品，在孩子需要用钱的时候，问明情况后都尽力去满足，对孩子给予了充分的信任。

但是新的问题出现了。W的孩子虽然避免了出现像母亲那样心理上的卑微，但是因为家境一般，目睹父母的辛劳，又被寄予很高的期望，所以当她学有所成终于开始在外面打拼挣钱时，在入职之初就背负了沉重的心理负担，一直在为怎么多挣钱而焦虑，哪怕以损害自己的身体健康为代价，也要通过自己的勤奋和努力去赚取足够的金钱，来给自己需要的安全感。而事实上她已经比同龄同条件的女孩子做得好很多。这种家庭中所体现出来的有问题的消费观念，对子女的影响就这样以另一种形式传承给了第三代。他们还可能需要再下一代甚至两代的调整才能在对待金钱这个事情上有一个比较健康的认知。

这个案例是母亲在纠正了自己的一些问题后形成的另外

一些相关的问题。而那些对原生家庭问题毫无觉察的父母，则会在有了儿女后，不知不觉中变成了自己父母的样子，然后让自己的孩子生活在和自己幼年时相同或相似的家庭环境中而不自知。

我们在第二章第一节里谈到的女孩的妈妈，即使她在孩子幼年时很理性地改变了母亲在她身上的一些错误做法，给予了孩子需要的爱与陪伴，肯定与鼓励，但仅仅是在自己意识到的范围内，在自己成长过程中所缺少的部分想要在女儿的身上给以补偿。这在一方面可以避免孩子和自己一样有同样的缺失，但是另一方面也有很大可能会补偿过度，形成新的问题。同时当女儿长到青春期可以与妈妈抗衡时，这位妈妈便没有能力再去应对这些问题，并且因为孩子已经长大，没有了儿时的懵懂可爱与最基础的被需要，妈妈便忘记了孩子接下来需要的是什么而无法予以满足，于是无意识中便做出了和自己母亲当初一样的举动，即对着已经长大的孩子大吼大叫而没有其他任何办法。

只不过不同于自己的母亲，这位妈妈在理智上并不想成为像自己母亲那样的家长，所以束手无策中以撒手不管的方式退回到潜意识里的幼年状态，自我保护起来，于是女儿在成长的最后一个关键期也就是青春期，内心依然缺少了很多东西。

这里大家可以了解一个词语叫作"隐性创伤"。隐性创伤潜伏在潜意识里，一般我们难以觉察，只有在专业咨询师的带领下，用专业的方法抽丝剥茧才能看到这个创伤的本质。而这个影响我们一生，让我们的社会活动和家庭生活屡屡受挫的创伤往往可以追溯到我们的幼年经历。

根据比较典型的家庭问题，原生家庭可以分为以下九种不同的类型：一是完美主义，不允许犯错，孩子会被爸妈强迫完成超过自己能力范围的事，所做的一切都是应该和必需的；二是过度高压，一切都不被允许，一切都只能听凭家长的安排；三是过度溺爱，孩子想做什么做什么，想怎么做怎么做，使孩子易愤怒，且内心空洞；四是过度保护，使孩子失去独立自主的能力；五是过度惩罚，常有家暴或虐待，造成孩子安全感缺乏；六是忽略型，完全无视孩子的存在，从而使孩子产生无价值感；七是拒绝型，父母是冷漠的，不和孩子做联结，导致孩子的情感冷漠，难以与人亲近；八是父母关系恶劣，这样家庭长大的孩子会有愧疚感，常把父母问题的根源归咎到自己头上，在亲密关系中容易有极端行为。

在一个家庭中，过于严厉的父母，焦虑、冷漠的父母，重男轻女的思想，等等，都有可能形成子女对自己的不认同、自卑、缺乏安全感、没有行动力等问题。这导致他们在婚恋问题上最初的选择要求很低，但是婚后又总是欲求不满，对对方多有抱怨，造成两人之间的关系越来越远。但是如果压抑自己，不把自己的不满表达出来，很可能就会形成躯体症状，或变得抑郁。

心理学通常认为：一个人的性格就是这个人对外界的防御。一个人最鲜明的性格特征，也就是他最惯常使用的"心理防御机制"。他们用自出生开始在原生家庭中一天一天逐渐形成的对外防御的方法来应对这个世界，形成了自己特有的对外防御方式。这种防御方式在不为他们所察觉的情况下一代代传承，直到家庭中有觉察的那个人出现，于是这个家庭表面的平静被扰动，不健康的状况才可能有所改变。

由此可以看出，那些功能不全的家庭要想在亲密关系问题上有所突破，需要经过几代人的努力，才能在一种螺旋上升的状态下一点点改变，或者仍然只有一部分家庭成员会做改变。而没有觉察能力的另一部分人则可能随着问题的加重而成为原生家庭问题的牺牲品，比如自我认可度低，能力欠佳，越来越贫困潦倒；比如没有是非观念，无法克制自己，最终走进监狱；比如无意义感，抑郁、焦虑、精神失常，乃至结束自己的生命。

2. 我们的身体会说话——你的身体记录着你内在的缺失

每一种疾病对我们来说都是一个信号，提示我们有一个长期的内在情绪问题需要去疗愈。

关于看病，我听到过这样一个说法：有些疾病，如果去看西医，用各种仪器检查不出结果，分析不出原因，医生就会建议"去看看中医吧，也许能发现点什么"。如果中医检查还是不明所以，就有可能被推荐到心理科建议去看心理医生。

这个说法的真假暂且不论，身体和心理存在着密切关系却是毋庸置疑的。成长过程中经历的一些事情，曾经有过的一些情绪，因为道德要求、规则需要等被自己压抑在心底，进入潜意识，但是我们的身体却本能地记录着所有。也就是说，我们的身体背负着我们一生的所有经历，随时都在诉说着我们心灵的秘密，只是我们不自知。

我记得最初参加成长小组的时候，当引导老师宣布接下来的环节需要大家互相配合来讲一段话的时候，我匆匆忙忙上了个洗手间，自我的心理感觉是需要为接下来的环节做好准备。但是当我回来重新坐下，旁边的一位老师问我是不是拉肚子，我说是有一点。然后她就非常感兴趣，开始询问我都是在什么情况下出现这种情况，大概意思是这应该是紧张和焦虑引起的一种躯体反应。

我当时对那位老师的说法是有抵触的，虽然我并不否认人会在紧张和焦虑的时候会引起突然的肠炎症状。因为我整个活动期间肚子一直不舒服，只是老师讲的内容比较吸引人，我不想错过，所以一直到要进行下一个环节的时候才抓紧时间去了洗手间，并非老师宣布需要下面的成员参与时才突然感觉不舒服。

不过这也提醒了我去认真思考那位老师关于心理问题躯体反应的问题。因为之前我的确有过这种情况，就是在马上要做某事时，突然想拉肚子。这可能和身体状况有关系，但也不排除是焦虑和紧张的原因。

一个很普遍的现象是，人们在紧张的情况下容易出现尿意。但是也有人在准备做一件重要的事或可能长时间不方便上厕所的时候会提前上一次厕所。如果孩子在上床睡觉之前或者上车之前，家长刻意提醒或坚持要孩子上一次厕所，那么孩子很可能不仅会养成习惯，还可能反向影响，一遇到此类事情就会想要上厕所。

但是我自己的情况更容易让我想起母亲常说的一句俗语：懒驴上磨屎尿多。这句话多了一些责备的成分，也让事件本身增加了些许抵触的因素。就是说，我这样做最初也许只是在抵触妈妈的催促，不想服从妈妈的旨意，不想做妈妈要我做的事情，但是我没有办法拒绝或违抗妈妈，于是只好靠上厕所这样合理的磨蹭来拖延一些时间。所以其中拖延的成分可能更多一些。但是也不排除在被严厉监管下做一件事情时产生的焦虑和紧张。

如果你还不能理解其中的关系，那作为家长，也许你会有这样的体验：早上要送孩子去上学时，孩子突然肚子疼，如果经常这样，可能你就会觉得他是为了不上学在装病，但事实是，很多时候他是真的肚子疼。这种情况只能说明，他的声音被压制，无法通过正常的渠道来表达，所以只好用自己的身体发出呼喊：我不要去上学，你们为什么听不到我的声音？！

当夫妻又一次爆发争吵，不惜大打出手时，旁边的孩子可能突然倒地抽搐不止，或莫名其妙地发起烧来，于是大人不得不暂时停止争吵先去照顾孩子。这很可能是孩子在用自己身体的病痛来阻止父母的争吵，缓和父母之间的关系。这之前他一定是在父母某一次的争吵中恰巧因为身体不舒服无意中终止了父母的争吵，于是他和他的身体记住了这件事，在父母一次又一次的争吵中，他无能为力，于是在他的身体的完美配合下，潜意识里开启了以这样的方式阻止父母争吵的模式。

另一方面，生病也是一种心理需要。我们的各个脏器是有自主神经系统的，当在生活中遇到问题、危险和伤害，尤其是幼年的时候，我们没有更好的办法解决，没有能力去处理，要么通过疾病来表达我们的不满，要么就通过调动我们的身体机能来应对遇到的困境。比如婴儿腹泻、情绪化，很可能是妈妈和婴儿身体接触不够或接触质量不高引起的，因为母婴之间如果缺乏必要的身体接触，会导致婴儿副交感神经功能紊乱，从而引发腹泻和情绪失控。成年后某个脏器的突然发病，很可能是幼年时被父母冷落，在有需要的时候很少得到回应，于是脏器充满了痛苦的记忆，在长大后遇到某种刺激的时候疾病开始发作。

身体是我们真相的守护者，所有我们的痛苦体验都会在潜意识里留下痕迹，在长大以后通过我们的身体来发现心灵的秘密，成长的秘密。著名的ACES（负面童年经历研究）告诉我们，创伤性的童年经验和日后的身体健康状况密切相关，儿童期的负面经验越多，其健康状况越糟糕，出现上瘾问题的比例也越高。

适当的压力可以锻炼和发展儿童的耐力，提高儿童的挫折商。但是当儿童面对持续、频繁的身心虐待、冷漠忽视，长期处于沮丧、焦虑的情绪中时，过大的精神压力会让身体机能紊乱。有在医院工作的心理科医生表示，那些患自闭症、多动症等神经官能症的孩子很多都有典型的负性成长经历。

我曾经的一位年轻女同事，长得胖胖的，很爱美。和她共事期间她一直都在用各种方法减肥，但是并不成功。可能她也感觉到自己有一些心理上的问题，然后向我讲起她是怎么长胖起来的，问我肥胖是不是和心理有关系。

同事小的时候原本是个漂亮的小姑娘，身材也不胖，并深得父母的喜爱，尤其受爸爸的宠爱。但是六岁那年妈妈给她生了一个妹妹，这以后她感到父母的爱似乎全部被妹妹夺走了，她想要夺回被妹妹夺走的爱，想让爸爸还像以前那样独宠她一人。但是她没有别的办法，理智上也知道不能把这种情绪和想法表现出来，甚至还要假装让着妹妹，于是就拼命地吃东西，因为这是她可以随意占有又会被尽力满足而不被批评的一件事。然后慢慢地她开始胖起来。

读书期间，妹妹的功课总是比她好，且妹妹长得也漂亮，街坊邻居都爱拿她和妹妹的学习和身材比，她就越发没有节制地吃东西，既是减压的需要，也是满足占有的需要。而这种在心理上的占有欲望，会使身体非常配合地横向发展，使自己尽可能大地占有空间。这就像人生活在一个更加广阔的空间里可能会长得更高大，而矮小、狭窄的房屋可能会让人长得比较瘦小一样，因为压迫的环境和感觉会在潜意识里让人生长缓慢或自动停止生长。两者是受不同的潜意识支配。当然这只是因素之一，影响人生长的因素是多方面的。

同事在高中的时候身材已经基本定型成现在的样子——一个圆滚滚的胖子。如果心理上的问题得不到解决，过不了那个坎儿，那么任何减肥方法都不会起作用。

所以，当我们在为减肥费尽心思而没有效果的时候，是否想过那可能是因为我们的内在不够强大？可能是我们内在存在一些幼年的缺失需要弥补？而肥胖的体型又使我们在自我的贬低以及来自周围人的取笑中压抑着自己的情绪，进一步催化出新的身心疾病。

这类人以女性肥胖者更多，解决这样的肥胖问题首先需要强大自己的内心，才能放心地让自己从外形上减小体积。反过来，一个人如果太瘦，就要考虑是不是思虑太多，需要从心里放下别人的事，只需要做好自己的事。

同时，过量饮食也是一种拒绝自爱的表现。

所以当你面对那些有危害身心健康习惯的瘾君子、肥胖者时就可以知道，他们并不是不知道抽烟的坏处，不知道暴饮暴食的危害，他们可能只是以此来麻醉自己，以逃避他们不愿面对的童年记忆。他们可以从中获得短暂的好处，却忽略了可能带来的长期的坏处。

此外，孩子的身体状态也会和他们的人一样通过外界的评价来认识自己，并据此来自动调整自己。如果好好的孩子你总是今天看他眼睛有点斜，明天看他协调性不够好，后天又担心他会遗传父母身上的缺点，那么他可能真的会出现你所担心的这样那样的问题，因为你不接纳孩子现有的一切，并且以担心的方式给孩子指出了一条发展的方向，于是他就真的朝着你所暗示的方向走了。

我们很多时候不能意识到这种负性评价对孩子的影响有多大。如果他们一直生活在否定中，最终会自己否定自己，朝着父母口中那个什么也不行的自己去发展，不管是身体还是心理。

可以说，疾病就是一种很深层次的内在矛盾。一方面，灵魂想要做自己，另一方面，为了不失去来自外界的爱与认可，又要按照他人的意志而活。这样，一个人生命的最根本动力就会被压抑。当我们总是压抑一些东西，不允许它在心理和思想层面进行表达时，它会通过身体表现出来，这就是身体的疾病。而家庭里那个得病最多、身体最弱的孩子，往往承担了家庭体系中最深层、最隐蔽的问题。

疾病可以说是身体中负能量的一种释放，每一种疾病对于我们的健康都可以说是一个信号，具有提示和警醒作用，意味着有一个长期被忽略的内在情绪问题需要我们去疗愈。我们可以透过疾病，从身体问题去看到和了解那些曾经被我们忽视和压抑的情绪，让真相进入我们的意识当中，看到我们的精神状况、情绪心理存在的问题，从而使疾病得到控制甚至痊愈。

所以对于我们每个人来说，疾病有时候并不完全是坏事。身体就像是我们与内在之间的交流工具，而每一种疾病都是一种表达，是内在情绪和信念的反馈。我们身上任何一种疾病的出现，都不是为了要夺去主人的生命，包括癌症，都是在借生病这个机会，用一种极端的方式向我们现有的生活状态说"NO"，驱使我们重新去审视自己的生命，提示我们应该改善自己的心境了，也许我们的身体细胞正亟需来自主人的爱、包容和接纳，并以此来提升我们的生命品质。

　　借着疾病，我们可以和自己的心灵进行对话，让情绪的真相由潜意识进入意识当中，于是我们得以了解我们内在的问题，明确自己需要疗愈的地方。如果你不抗拒它，而是直面它的存在，接纳它、同情它，与它和睦相处，进而研究它，你就会听到来自灵魂的声音，你可能就会有新的发现，就会找到疾病的源头。

　　所以，当你的身体不舒服时，是不是应该先静下心想一想，你的内心缺少什么，想要什么；当你的孩子身体出现问题，必要的时候也可以探究一下，他是真的躯体疾病，还是有内在的某种需求没有得到满足？

　　就像感染病灶需要从根本上清理才能恢复到正常状态一样，隐藏在潜意识里的创伤经验也需要被看到，然后被重新解读，像处理躯体创伤一样清淤、消炎，伤口才能慢慢愈合。表面上的愈合会使伤口在某个时刻、在特定的环境或事件刺激下再次出血、发炎、化脓。

　　这里需要说明的一点是，功能不良的原生家庭给儿童带来的，并不都是对身体的潜在伤害，也会有在伤害的刺激中发展起来的特别优异的身体功能。比如我的一位来访者，因为幼年在原生家庭中总是受责备，做任何事情都要被限制，为了不被挑剔的父母抓到或看到他正在做的事情而被骂，他的观察能力特别强，随时都在留意周围的动静，耳朵尤其灵敏。因为他必须竖起耳朵听，以便及时发现和了解周边的情况，可以让自己在父母走近时迅速恢复到乖乖的样子。这同样是一种诉说心灵秘密的身体语言，也算是从原生家庭获得的一种资源了。

3. 流产，也许是胎儿感受到妈妈不欢迎自己的到来

人从胎儿起就是一个会交流的生命体。

——弗朗索瓦兹·多尔多

我有一个很好的朋友，她在31岁时才结婚，因为觉得年龄不小了，婚后很快就开始备孕并成功怀孕。然后在很长一段时间里，我都在听她对怀孕后生活不便、影响工作、孕吐反应的诸多抱怨和不满。

我知道朋友不喜欢小孩，本来还对她结婚后能接受马上就生孩子感到有点惊讶，果不其然，才刚刚怀孕就已经让她不胜其烦了。我只能尽量安慰，向她描述小孩子是多么可爱，有小孩的种种好处，告诉她孩子生下来她就会喜欢得不得了，只是怀孕这段时间会有一点麻烦而已。

朋友答应着，逐渐又恢复到正常的生活。沉寂了一段时间之后，我突然想起她好像很久没有再向我抱怨了，想要了解一下她的近况好不好，于是给她打电话询问，才知道她流产了，正在家休息呢。

朋友的身体不错，好好地为什么会流产？朋友说她也不知道怎么回事，就是有一天早上正要去上班，突然感到肚子痛，于是赶紧去了医院，但是孩子没有保住。

休息了几天，朋友照常上班了，似乎情绪完全没有受到影响，很快就恢复了以前大大咧咧的样子。不知道为什么，我却在心里有一种隐隐的不安。朋友虽然说着很可惜这样的

话，看起来也很懊恼的样子，但是在我看来，她似乎有一种如释重负的感觉。

因为想着早日完成生娃这桩人生大事，半年以后朋友又怀孕了。这次她小心翼翼，害怕再出什么差错。但是很不幸，胎儿在三个月大的时候又意外流产，比上一次还早。此后两年，朋友一直在怀孕、流产这样的循环中度过，流产的月份有大有小，医生也查不出原因，检查各项指标都没有问题，只说是习惯性流产。

经过了几次这样的折腾，朋友的情绪异常低落，也有些焦急。我劝她不要再贸然怀孕，这样身体吃不消，好好调养一段时间再说。在和老公商量之后，她听从了我的建议，暂时不再考虑怀孕的事，又把全部精力放在了工作上。

在休息调整的这段时间，朋友好像心情放松了许多，又开始和大家说说笑笑，除了上下班，偶尔我们也会一起吃饭喝茶，她似乎已经把几次流产的事忘记了。但是我却在和她聊天时无意中发现，尽管在备孕的时候她嘴上说着要尽早生孩子，看起来像很想要孩子的样子，但是实际上内心却是排斥生小孩这件事的。她似乎非常担心平静的二人世界会被多出的孩子打扰，不止一次地流露出有孩子很麻烦、不想带孩子的想法。

交谈中朋友承认，一结婚老公家里就一再催他们生娃，老公也觉得这是件顺理成章的事。自己的父母也认为年龄越来越大，还是尽早生个小孩比较好。但是她打心眼儿里抵触生孩子这件事，甚至巴不得不要小孩才好。但她又觉得双方家人的想法有道理，自己没理由不赶快生个孩子。而且理智告诉她，她也不可能不在意别人的眼光，不可能做到一辈子二人世界。她该有个孩子。

谁知道好事多磨，她倒是排除心理障碍积极备孕，也很顺利就能成功受孕，但就是没法把孩子顺利生下来，不是流产就是死胎，她也不知道该怎么办。

计划要宝宝的女性如果成功怀孕，但是中途又意外妊娠终止，出现流产，都会觉得自己很冤，不明白在别人那里很简单的事情，到了自己这儿怎么就变得这么麻烦。事实上排除胎儿以及孕妇的生理因素，还有一种流产的原因可能是大家想不到的，那就是孕妇的内心并不喜欢孩子，潜意识里不是真的希望生下这个孩子。

虽然表面上看起来她们成了家，买了房，经济上也允许，心理上也做好了准备，万事俱备，就等着夫妇二人合力造小人了。但是就女方来说，她的心理准备很可能只是停留在意识层面，这个意识让她可以比较顺利地受孕，但是在潜意识里，她并没有真正做好怀孕的准备，对孩子的到来是拒绝的，一旦怀孕成功，那些对孩子不好的印象和想象以及各种担心，又会不断地冒出来，让她由内而外地排斥这个正在自己肚子里生长的孩子，甚至可能会暗暗祈祷，在潜意识里发出"我不想要这个孩子"的声音。

我们知道，母亲的子宫是胎儿的房子，这所房子组成了胎儿的成长环境，也就是胎内环境。但是胎内环境不只包含子宫的温度、脐带的位置、血液、羊水是否清洁等生理因素，还包括母亲的意愿、态度、情绪感受等心理因素。生理环境和心理环境共同组成胎儿的生存环境，胎儿住在这里，通过脐带和子宫环境来获取营养，生长身体。这个营养不但包括物质营养，还包括精神营养。物质营养来自母亲的生理状态，精神营养则来自母亲的心理状态。

母亲无时无刻不在向胎儿传达着自己的想法和心情，胎儿则时刻感受着母亲的生理和情绪状态，并对此做出反应。如果母亲的情绪有波动，血液中各种激素水平就会随之发生变化，于是流经胎儿的血液把这些信息传递给胎儿，使胎儿感受到母亲好的或不好的情绪；对他是接纳、喜欢，还是拒绝、讨厌。如果母亲情绪平稳，安乐祥和，在心态上接纳胎儿，胎内环境便是舒适的，胎儿由此感受到岁月静好，就会安安静静地快乐生长发育；如果母亲经常郁郁寡欢，或生气争吵，胎儿感受到的就是母亲的抑郁、愤怒和无助，就会使身心发育受到影响。

母亲任何的不安和烦恼，都会使母体内分泌出一种叫肾上腺皮质激素的应激物质，通过脐带传递到胎儿的大脑，胎儿就会出现与母亲同样的应激反应，从而使神经因为受到强烈刺激而导致血管收缩变细，致使胎儿的心跳加快。所以女性在怀孕期间如果常常情绪波动过大，就会妨碍胎儿的正常成长，生出的孩子很容易存在躯体、智力或性格上的某些缺陷，比如出生后爱哭、长大后会性格敏感等问题；也可能因此放慢生长速度甚至停止生长。

可以说，胎内环境如何，从一开始就注定了胎儿生理和心理发育的走向，甚至母亲对胎儿的性别期待，都会影响到胎儿的发育和成长，直至对孩子的一生造成影响。在不太受欢迎或者胎内环境不是很好的情况下生下的孩子，与母亲的关系也容易出现一些问题。因为潜意识里担心被抛弃，或者心里有怨恨，孩子会对母亲有讨好、无条件顺从的行为，或处处与母亲对着干的"报复"行为。这也就解释了为什么会有胎教这一说法。

胎教并不是为了让胎儿还没出生时就学到些什么，而是用妈妈的爱与接纳滋养胎儿，用母亲温良的性格、平和的情绪去孕育一个性格良好、心理健康且情商、智商相对更高的孩子。

美国一个研究小组通过长期观察和实验得出结论：人类智力的48%受遗传因素影响，剩余的52%与胎内环境有关。胎教就是给胎儿营造一个有利于大脑和神经机制发育的良好环境。而胎内精神环境很大程度上和外部环境有关，比如父亲对胎儿的态度、对母亲的态度、家庭氛围如何等，这些都可能影响到母亲的心情，再通过母亲的情绪影响到胎儿的生长环境。

一个孩子得到的无条件的爱越多，他的存在感就越强，内在的自我价值感也就越高。对胎儿来说，大致也是如此。一个人的潜意识是从胎儿时期就开始形成的。胎儿可以通过胎盘感知妈妈的一切情绪和感受，当妈妈对胎儿全身心欢迎和接纳，对宝宝的到来充满欢喜，百般爱护，与胎儿有良好的互动和爱的交流，能和胎儿建立起很好的连接，则胎儿更可能健康茁壮地成长。

然而，生活中并不是每一位女性都发自内心地想要成为妈妈。排除夫妇两个人的生理原因，和那些内心真诚欢迎自己孩子到来的女性相比，一个在潜意识里没有真正做好生育准备的女性，即使身体很健康，也可能不太容易怀孕；如果女方并不真的想和这个男人有孩子，受孕同样会出现问题。这样的情况下即使怀孕，也容易因为胎内环境不理想而发生"意外"。

当母亲对肚子里的胎儿充满了怀疑、不满，甚至敌意、仇视，胎儿会感知到他是被拒绝的，是不受欢迎的。这时候胎儿在母体中生活的心理体验或情绪感受不佳，在妈妈的子宫里待着会很不舒服，就有可能在这个时候做出最早期的一个重要"选择"，即自己要不要"活下来"。

如果仅仅是因为身体原因导致胎内环境不好，母亲在心理上真诚接受怀孕这件事，想要这个宝宝的意愿非常强烈，胎儿就会配合母亲一起努力让自己活下来。如果准妈妈在潜意识里是拒绝胎儿的，这时候可能会出现两种情况：

一些生命力较强、生存欲望也强烈的胎儿，虽感受到母亲并不欢迎自己，因为母亲的不想付出或情绪负能量也无法获得足够的营养，但却会拼命与妈妈想要放弃他的内在意识抗争，拼命吸收妈妈能够提供的营养，倔强地、努力地让自己在恶劣的环境中生存、生长，直到成功来到这个世界。

相反，另有一些性格较弱、生存欲望较低、比较"听话"的胎儿则会顺从妈妈的意愿，和母亲共同做出"决定"，选择不再继续在妈妈的这个房子里居住，不再"打扰"妈妈，于是主动停止生长。流产或早产便发生了。

当那些流产的孕妇因为这个意外而沮丧时，她们不知道可能真的有一种流产是孕妈妈的潜意识要求的，而胎儿则是顺应了妈妈的这个要求。只是这些准妈妈自己不会意识到这一点而已。

也许相对于要一个孩子来说，这些孕妈妈想要的只是怀孕这件事本身而并非孩子。

我的朋友不是我的来访者，所以我不会主动去和她说这些。但是作为朋友，我开始有意地在她面前渲染我的孩子小时候可爱的瞬间和趣事；对一些爆笑的、可爱的、有关孩子的各种影音作品、文字作品表现出有点夸张的惊奇和喜爱。慢慢地，朋友对于孩子似乎也不再那么无感，碰巧走到学校附近赶上家长接孩子的时候，也不再皱起眉头厌恶地转头远远躲开，甚至有时候还会停下来饶有兴趣地看着孩子们说笑打闹。

这时我觉得，她也许可以从内心里真正接受一个孩子了。在一次吃饭聊天的时候，我有意装作漫不经心地微笑着问她：你现在自己有想要孩子的想法了吗？

她愣了一下，突然笑了，没有说话。

这一年，朋友再次怀孕，没有流产。在36岁的时候，她终于成了一位妈妈。

这里我想说的是，母亲与胎儿的连接比我们想象的要紧密得多，当母亲潜意识里不欢迎孩子的到来，胎儿会用自己的方式做出选择。这也是为什么法国著名儿童心理分析师弗朗索瓦兹·多尔多会喜欢用"你选择了降临人间"这样一句话来肯定孩子强大的生命力和自主性。她认为，一个胚胎从它孕育的那一刻起，甚至更早些时候，就是一个有各种需求的人的主体，而在母亲不自愿或缺乏足够理性思考的情况下生下的孩子，会有被人否定和遗弃的感觉，所以它可以在胎儿时期就选择按照妈妈的意愿，自愿终止自己生命的形成。

对此，多尔多一个比较积极的看法是：流产这一体验，有助于女性的心理发育，可以潜在地激发女性的情感。终止妊娠或孕育新生命都可以使女性走向成熟，学会承担更大的责任，而非人们普遍认为的，流产只是利用简单的、不可逆转的技术手段终止生命，是对责任的逃避。

也就是说，生命与心灵的启程从受精卵或胚胎时期就开始了。作为一个想要成为母亲的女性，首先需要做的是从思想上真正做好迎接新生命的准备，并充分了解自己的身体与胎儿的关系，然后以平静愉悦的心态，真诚地迎接宝宝的到来。

4. 退行性行为——好想回到小时候

当稍微大一点的孩子遇到他解决不了的问题时，就可能出现一些退行性行为，以求像婴儿时那样获得他想要的关注与爱。

一位来访者带着他5岁的儿子来咨询，因为儿子最近不知为什么开始尿床，去医院检查没发现身体有什么问题，于是医生只给开了一些镇静类的药物，并建议他们去看心理医生。那家医院没有心理科，于是妈妈带着儿子来到了我这里。

来我这里之前孩子已经吃了几天的药，并不见好转。当我看向那个名叫瑞瑞的小男孩时，他也正直勾勾地盯着我。

听小男孩的妈妈讲，瑞瑞以前没有这个毛病，早早就能自己控制排尿排便了，其他方面也很正常。就是最近夫妻俩觉得孩子到了入学年龄，不应该再和他们一起睡了，想着给他自己安排一个房间睡，谁知道又出现这样的事情，就只好先解决他尿床的问题。

听到这里，我马上联想到苏菲·谢雷所著的《与儿童交谈》一书中提到弗朗索瓦兹医生治疗过的一个尿床的小女孩的故事。于是详细询问，了解到小男孩的父母之前尝试过几次给儿子分床，但是一直没有成功。这次是下定了决心要让儿子单独睡，并且已经把儿子的房间收拾好，买了漂亮的儿童床，只是还没有来得及和儿子摊牌。

听到这里，我意识到瑞瑞很可能和书里那个尿床的小女孩是同一类问题，即对于自己单独睡这件事心存恐惧，想一直和爸爸妈妈一起睡，不想离开妈妈的怀抱，为此以尿床的方式"退回"到更幼小的时候，迫使爸爸妈妈不把他"扔下"，好继续留在妈妈的床上。

弗朗索瓦兹·多尔多经过临床观察得出结论：大一点的孩子"尿床"，是孩子表达烦恼和退回到以前幼小岁月时的一种方式。对于孩子而言，尿床可以使他在潜意识中回到自己更小的时候，在那个时候，现在他所遇到的所有困扰和烦恼都不存在。

对于瑞瑞而言，因为父母为了让他自己睡常常拿他的"男子汉"身份来跟他讲道理，所以他的尿床还意味着不想长大，不想成为一个拥有"勇敢""强壮"标签的男人，就像二战时期那些在前线阵亡的军人的孩子们，虽然早已过了尿床的年龄，但是却在父亲死后出现尿床这一现象。因为他们拒绝承担责任，不想取代父亲在家中的地位。

其实孩子的这种倒退行为在生活中并不少见，尤其是对一些3—6岁的儿童来说。比如，本来自己可以好好吃饭，突然又让妈妈喂；本来说话很流利了，突然又开始了婴儿一样的牙牙学语；本来自己穿衣服很熟练，突然一下子又变得笨拙起来，需要妈妈帮忙穿。表现严重的甚至会让父母有些担心，怀疑是不是孩子的发育出现了什么问题。

实际上这只是孩子在成长的过程中，因为一些原因，比如感觉被冷落、遇到某些困难等致使心灵受挫，想要退回到幼儿时期，以引起妈妈的注意，得到妈妈的关爱。只不过这些表现很多时候是在意识范围内的，是孩子有意而为之，也就是我们常说的"撒娇"。如果孩子的这些退行性行为在妈妈这里不起作用，甚至要被贬低、斥责，那么在强烈的心理需求下，孩子就可能把这种被妈妈关注的需要压抑到潜意识里，用一种无意识的退行性行为来告诉妈妈，自己还小，很需要妈妈的爱与照顾。

瑞瑞这个年龄的儿童已经学到相当多的技能，但是有些孩子会在这个过程中遭遇一些挫折，如果这时候没有得到来自父母的鼓励和正确对待，他们会产生挫败感，感觉到人生艰难，从而对继续长大产生畏惧心理，在行为上出现退缩。另外这个年龄又面临着入园、入学，环境的改变也容易使一些孩子因为难以适应新环境而产生退行性行为。

　　儿童的退行性行为是为了获得关注，得到爱。如果一个孩子出现退行性行为，那一定是他在生活中遇到了自己解决不了的难以面对的问题，需要获得来自父母尤其是妈妈的心理支撑。使孩子产生这种退行行为的原因可能包括：父母日常对孩子感受的忽视，当孩子长大一点，不再像刚出生的幼儿那样对孩子呵护备至；环境的改变，比如入园或被送去爷爷奶奶家；产生挫折感，在学习某项技能时遇到阻力想要放弃；有了弟弟妹妹，家人尤其是父母把注意力更多集中在刚出生的弟弟妹妹身上，同样没有长大的哥哥姐姐就会有失落感，被遗弃感，想要重新唤起妈妈的注意；争宠，与同龄的孩子在一起玩耍时，妈妈只把注意力放在别人家的孩子身上并给予关心和赞赏，自己的孩子心里就会有被忽视、被冷落、妈妈被抢走的感觉，因此会表现出一些更幼小时候的行为来吸引妈妈的注意，希望以此夺回妈妈的爱。

　　当父母了解了孩子为什么会有退回到婴儿时期的行为，当然就应该理解孩子，并及时给予爱与关注，而不是斥责孩子越来越不懂事，越大越没出息。当父母对孩子的行为表示理解时，比如对他说："你是不是累了，想要休息一下，就像小时候那样？""你是不是担心妈妈爱妹妹就不爱你了？""你是不是想继续做一个小婴儿，这样你就不会离开妈妈，不用自己一个人到另一个房间去睡觉了？"当你这样问时，孩子会因为你对他的理解感到安心，这时候再对他解释为什么父母会这么做，让他知道无论在什么情况下，父母对他的爱都不会改变。同时要让他知道，一个人长大了，就会有一些新的事情做，比如上幼儿园、入学；会有属于自己的朋友和同学，当然也会有自己单独的房间，这是一件很值得骄傲的事，是幼小的孩子所没有的。

这样孩子的心里会更有安全感，并且不再为自己的长大而感到焦虑，他会更乐意去按照一个大孩子的标准来要求自己，并从中得到快乐。

孩子的退行性行为等于是在向自己的父母发出求救信号，当父母在向孩子做出解释的时候，需要注意态度上一定要温柔，要充满爱意，并有一些肢体上的动作，比如眼睛要真诚地看向孩子，摸摸孩子的头发或后背，把孩子抱在怀里亲亲额头等，让孩子从父母的态度上感到自己是被爱的，从而获得心理上的安全感，缓解心中的压力。如果父母一面和孩子说长大了怎么怎么好，应该怎么怎么样，一面在态度上让孩子感到自己被鄙视、被瞧不起、被耻笑，那么即使说得再好听，孩子也不会听信父母口头上的一面之词。

为了防止孩子出现一些退行性行为，父母在平时还要注意对孩子一定要宽容，要多一些鼓励，要更多地看到孩子的进步而不是过分挑剔，以此增强他的自信心，让孩子能够在成长的路上多一些快乐，多一些成就感，而不是畏惧前行。父母还要注意检视自己在对待孩子的态度上是否出现偏差，是否有忽视等问题，多关注孩子的内心，防止孩子出现一些心理上的问题。

5. 父母葬送的天然好习惯

意识不到位，对好习惯只有破坏。想要改掉一个幼年时形成的习惯难上加难。

我们经过学习和成长，经过有意识地去做改变，会抛弃掉很多原来妨碍我们身心健康的思维方式、思维定式，形成一些新的价值观念、人生理念。但是有一些幼年时就形成的不好的生活、行为习惯，我们明明知道它需要被改变，但是却很难重新养成一个更有利于我们身心健康的好习惯。比如熬夜。

熬夜是我一直以来想改却怎么也改不掉的坏习惯，几十年如一日，极少能在12点以前入睡，很多时候都要到凌晨三四点才睡。

一开始以为熬夜的习惯是自中学以后因为学习紧张晚上熬夜做功课养成的。工作以后又常常是晚上加班写稿子，所以形成了习惯。但是这看似是因为工作、学习原因导致的不良生活习惯（最初也许是被鼓励和赞扬的一种刻苦精神），并不是每个刻苦的学生、每一个做同样工作的人都会如此。很多人会把工作安排在白天或者至少是在自己正常入睡之前完成，无论什么都改变不了他们雷打不动的正常作息习惯；也有一些人是根本熬不了夜的，必须早早去睡。追根溯源我发现，有些习惯晚睡的人也许在很小的时候就已经种下了这个因。

以前农村的习惯一般睡得比较早。也许和家庭有关，那时候虽然我大部分时间住在农村，但是和周围的街坊邻居比起来，我家睡得晚很多，一般是在十点多到十一点多的样子，现在看来虽然不是很晚，但是对于一个小学生来说已经需要引起注意了。而且我每天都是在大人督促下爬上床的，如果熬通宵也不会有什么问题。

如果作息时间是正常且规律的自然习惯的话，应该到时间就犯困，就要去睡，而不是每天到很晚了还精神百倍，要由大人催促去睡。

在对自己晚上这么能"熬"的原因深入探索之后，我回忆起幼年时的一些经历。奶奶家和姥姥家离得近，晚饭后差不多该睡觉的时间，父母常带着我们去不远处的姥姥家。印象很深的是有一次在姥姥家待到很晚，大人们不知道在谈论什么事情，弟弟早已躺在姥姥家的大炕上睡着了。那时的我有四五岁，也许是困了，就一个劲儿抬头看墙上的大挂钟，然后发现最短的那个指针指向了12点还偏右的位置。因为那之前我只是在中午的时候才会看到时针指向12，夜里从来没有看到过12点的时间，所以觉得很新奇，那个指针的方向一直印在脑子里。

可见那时候我就已经很能熬夜了。以我对母亲的了解，她是习惯晚睡的，这样的话很可能从母亲怀孕的时候，在胎儿时期我就已经受到影响，晚上不能正常进入休息状态了，出生以后的睡眠质量也就不会很好。再加上母亲又没有要养成孩子健康作息的意识，这样受大人不良作息的影响，整个婴幼时期我的睡眠都处在一种不稳定状态，从而形成晚睡习惯，并且睡眠极其警觉。

熬夜的坏处不仅仅是睡眠不足，给身体器官带来各种伤害。过分晚睡还很容易因生活不规律而进一步引起失眠，乃至神经衰弱，导致想睡也睡不着，长期下去脑力严重不足，对身体的伤害也会越来越大。对于那些在生命早期就形成晚睡习惯的人来说，睡眠问题在很大程度上还伴随着其他问题。比如除了受父母影响自然形成的习惯性晚睡，在幼年时期我们可能会因为父母对待我们的态度有问题，回应我们的方式有问题，灌输给我们的一些理念和意识有问题，从而形成对某些事物的恐惧，对一些问题的担忧，对一些看法的偏执，看待世界眼光变得狭隘。所有这些都会让我们常常纠结于一些生活中的琐碎事物，并从自己单一的角度去解读，让自己越来越想不通，越来越看不懂，也就越来越意难平，这种情况下入睡困难就不足为奇了。

也就是说，睡觉时我们的心是不静的。结束了一天的劳作到晚上准备休息时，虽然自我感觉没有想事情，但是我们身体的每一个细胞都在喧嚣着想要抗争，想要辩解，想要展示，想要和这个世界对抗。这时想要安稳地睡觉就太难了。这也是为什么中医会有"要睡眼，先睡心"的说法。如果心不能真正平静下来，想要睡着就会很困难。

现在随着年龄的增长，自我感觉身体状况很受影响，所以一直想要改变睡眠习惯。然而实际情况是，只有在连续严重熬夜后极度疲乏的情况下偶尔可以早睡一次，但是第二天随着精力的恢复，又会变本加厉地晚睡。也就是说，那个很小的时候养成的习惯，不是我们日常因主观意愿、经过多次重复而形成的，而是在无意识中刻入潜意识的，所以改变起来会相当困难。而且，习惯越早形成，越是在原生家庭当中形成，越不容易改变。

原生家庭对一个人习惯的养成与固化显而易见，如果不去刻意培养孩子的良好习惯，孩子就会很自然地在父母的影响下传承原有的不良习惯。但是很多时候我们意识不到自己的问题对孩子的影响，更不要说在孩子身上去刻意规避自己不好的东西。在这方面我有一个深刻的教训。

我的女儿到了两三岁的时候，每天早上七点钟左右都会准时醒来，并且几乎在睁开眼睛的同时就会一骨碌爬起来。孩子很小的时候醒了可以躺着自己玩一会儿，活动范围也小，如果没有什么特别的事情，大人就可以稍微轻松一会儿，或者去做其他的事情。但是两三岁正是孩子活泼好动又不太懂事必须有大人在旁边看护的时候，所以在周末休息时为了能多睡一会儿懒觉，有几次我硬是把一到时间就爬起来开始自己穿衣服的女儿重新哄睡。这样反复几次，女儿不再在早上准时醒来，即使醒了也不再按时起床，而是学会了赖床。结果是，等她养成了这样的习惯，再想改过来就难了，不但在孩子上学时要火急火燎地喊她起床，直到现在，女儿也还是习惯晚睡晚起，就像很多年轻人一样。而我则开始担心这样长期下去会不会对她的身体健康造成影响，心里想着如果她能还像小时候那样很规律地早睡早起该多好。

小孩子如果不被干涉，他其实是会按照自然规律形成一套最有利于自己健康生长的行为习惯，就像我在第二章里说的，如果给不了孩子好的教育，就给他爱与自由，让他自由地成长。对于小孩子来说，你教他什么，他就会学会什么，孩子的一切都是大人带给他的，家长的干预如果有问题，就可能把孩子带偏。我曾经写过一篇题为《孩子身上的一些天然好习惯被家长葬送》的文章，说的就是这个问题。

所以做父母的如果为了当下的省心不去刻意培养孩子的一些好习惯，又或者为了眼下的轻松去故意破坏掉孩子本来的好习惯，最终随着孩子的一点点长大，这些负面影响会加倍地使你操心劳力。不要觉得那不是你告诉他的，你没有那样培养他，孩子就是按照你示意他的方式去做的。

你和世界的关系是怎样的

——原生家庭亲子关系的再现

　　一个人和外界的关系其实是他和父母关系的再现。当一个人在社会上出现很大的关系问题，说明他在原生家庭当中的亲子关系问题对他和这个世界的关系产生了阻碍。但同时，这也是这个人发现问题、解决问题、自我成长、与世界和解的时机。

1. 原生家庭的影响决定你和这个世界的关系

你和父母的关系，就是你和这个世界的关系。

当我们在这个社会上生活和打拼，有人嬉笑怒骂，有人离群索居；有人谨小慎微，有人游刃有余；有人情商一流，活得潇洒自在；有人悲伤苦闷，总是处处碰壁……每个人在生活中，在和他人的相处中，在做事的习惯上，都有自己的为人之道和处事原则，每个人都在用自己特有的方式在这个世界上生活着，他们与外界的关系和这个世界的关系迥然不同。

个人与这个世界关系的差异来自各自原生家庭的深刻影响，这些条条框框就是我们在原生家庭形成的一些习惯和做事的风格、态度、原则、思维方式等。我们在探究自己的一些心理问题、情感问题的时候，不可避免要涉及原生家庭，涉及一个人和自己原生家庭的关系。

个人与世界初次建立连接的地方是自己的原生家庭，初次和自己建立联结的人是自己的母亲。婴儿从一出生脱离母体，经过母乳的喂养，与母亲的肌肤相亲，以及互相之间越来越丰富的一言一行、一颦一笑，都在建立着和这个世界最初的联结。奥地利心理学家阿德勒指出，所谓母亲的技巧，指的是她与孩子合作的能力，以及她使孩子与她合作的能力。

这种能力是无法用教条来传授的。母亲只有真正对孩子有兴趣，而且一心一意要赢取他的情感，并保护他的利益时，才会有这样的技巧。也就是说，母亲需要以全心全意的态度来对待孩子，并且一切为了孩子着想，才能让孩子获得与她合作的能力，从而为今后与外界的合作打下基础。与此同时，在孩子逐渐长大的过程中，通过与父亲以及家庭其他成员的逐渐接触，共同形成孩子对这个世界的认识和与世界的关系及合作方式。

生活中我们可以发现，与人合作对有些人来说是一件再简单不过的事，谈笑间便完成了；而对另一部分人来说，他们宁愿独自一人费尽九牛二虎之力干活，也不愿意张嘴去劳烦别人，或与别人共同合作完成某件事。与别人发生联结对他们来说实在是一件太困难的事。还有些人则是既想有人与之合作、帮忙，却又会在这个过程中弄出许多不愉快，以至于一拍两散，多有抱怨。

后两者都是因为没有具备与人合作的能力。

良好的母子关系不但可以打通，并且能够拓宽孩子和这个世界的联结渠道，同时也是父子关系建立的基础。在原生家庭里，我们与父母相处的方式，父母与子女之间亲子关系的好坏，是愉快还是冲突，是温情还是绝望，是冷漠还是热烈，这些都影响着今后我们和这个世界的关系，决定着孩子未来与整个世界相处的质量。

然而，很多父母在前来咨询的时候常爱犯两个同样的错误，一个是认定孩子有问题，另一个是让咨询师提供一个具体可操作的办法解决孩子的问题，就像解数学题那样。而他们对于了解孩子、理解孩子则完全没有兴趣，他们和孩子之间看似很亲密，却又像隔着一层厚厚的膜，完全无法沟通，无法真正到达彼此。

每个家庭都有自己的一套家庭规则和独有的亲子之间、兄弟姐妹之间的关系模式。当决定这种关系的规则太过僵硬或死板时，就容易形成一些不良的家庭互动模式和关系，这就容易导致今后在社会上和外界的关系出现问题。

比如很多家庭都看重"大人说话小孩子不能插嘴"的规则。这个原则在有些时候并没有错，一方面是礼貌问题，另一方面大人在讨论重要问题的时候放任小孩子在现场打扰，的确会影响大人们商量事情。但是在日常生活中如果太强调"大人说话小孩不许插嘴"，在任何事情上孩子都没有发言权，其实是对孩子的一种不尊重，很容易形成孩子"没有资格"的潜意识心理。同时在交流习惯上，当孩子在长大一些和同龄人交流时就会复制这种不平等的交流方式，即很难和大家一起讨论问题、抒发观点甚至正常交流。尤其遇到那些非常健谈又无法感知到或不想感知他人表达需求的人时，他们便更难有发言的机会，最终失去一些可能本该属于他们的机会，严重的还可能出现社交上的问题和障碍。

在生活中我们常常会发现，那些既明事理，又不惧怕父母可能的责罚而敢于调皮捣蛋的孩子，父母对其的管教是既严厉又明确的，即使他们调皮捣蛋，父母对孩子嗔怪时，眼睛里也是充满了爱意的。所以即便自己犯错遭到父母的责罚，他们的心里也清楚父母是爱着自己的，因此他们有勇气、有底气在面对外面的世界时毫不畏惧。

另一种典型则是那些从来不捣乱、在整个童年时期几乎没有真正做过小孩子的人。他们在父母的面前是乖乖仔、乖乖女，很害怕会惹得父母不高兴，成年后他们在社会上也仍然会继续扮演这样的角色，怕得罪人，容易看人脸色，并期待从别人那里得到赞许。

一位来访者因自己在单位总是被"排挤"前来咨询，经过了解发现，她所谓的"排挤"其实只是自己的臆想，是在她和别人有了摩擦后担心别人对自己有看法。这时候对方稍稍有一点脸色不好或冷漠表情，她都会认为是冲自己来的，而事实上当她解开那个心魔后就会发现，她所谓的别人对她的不友好几乎全是空穴来风。每个人都在忙着各自的事情，想着自己需要考虑的问题，根本无暇顾及她，而她则独自陷在自己想象的矛盾和问题里不能自拔，看哪里都是对她的不友好。

这个人的童年经历是典型的不被父母允许的类型，想要得到的一切物质的和精神的东西都要靠达到父母的种种要求去换取，一切都服从于父母，一切都要看父母的脸色行事，以期待父母心情好时能得到自己想要的。因而虽看似乖巧懂事，善解人意，但是内心却有很大的空洞，永远都在等着父母的肯定。她一开始以为别人也是这样的，一切都应该主动为别人让路，主动替别人着想。但是当发现别人和她不一样，别人都是想怎样就怎样，不会为了其他人而委屈自己时，便会觉得这世界不公平。另一方面在她与别人产生所谓的不愉快后，也仍然会习惯性地看别人的脸色，很害怕会得罪别人，而事实上这种矛盾并不真实存在。

如果一个人在童年时基本的生理需要可以得到满足，在游戏以及学习各种技能时也总是被肯定，被鼓励，并在需要的时候及时得到来自家庭的帮助，使他不断取得一个又一个小小的成功，那么他就会对自己非常有信心，对这个社会也会非常有信心，并且真的会得到其他人的热心相助。这是因为他在原生家庭中是被助力的，那么走到社会上他也会认为社会是善意的，是可以帮助他成功的，于是无形中就会拥有更多的资源来助他一臂之力。

反之，一个人在成长的过程中，在学习各种生活基本技能的时候，如果父母的回应是无动于衷，是冷漠、拒绝和无视，甚至有些孩子可能想吃饱穿暖都要看父母的脸色，那么他对外界就会充满戒备，他和社会的关系就是疏远的，对人是躲避的、胆怯的、充满疑虑的、缩手缩脚的。越是这样就越是不自觉地御人于千里之外，会无形中阻碍来自他人的帮助，从而人为地影响自己的成功。

同样，如果一个人和父母家人的关系太紧密，则很难真正和其他人建立关系，这也是很多年轻人找对象难的原因。相反，如果一个人和原生家庭的关系太疏远，根据具体原因不同，这个人在社会上也许会离群索居，也可能和家庭越疏远，和外面的人越紧密。

同时，作为一个人人生中最早也最重要的人，母亲如果对子女总是很苛刻，永远不会为自己的孩子感到开心，这个人就会永远在寻求他人的认同而无法真正活出自己的精彩。相反，母亲对孩子的爱、接纳与欣赏，则会让一个人在今后和他人的关系更为和谐友爱，并充满信任。

2. 先爱自己，别人才会爱你

别人是以你看待自己的方式来看待你。

创伤性的原生家庭经历，会使一些人在成长过程中因为未感受过被爱和被保护而出现看得见或看不见的身心创伤。这样的人在长大后会疯狂地想要逃离家庭。但是一般情况下他们又不具备这样的能力，因为他们已经习惯了屈从，不知道能有什么办法可以改变自己的现状。一旦有了这种能力和机会，或者体验到自由呼吸的滋味，他们就会毫不犹豫地远离带给他们太多痛苦回忆的地方。

这些人或者远走高飞，或者嫁为人妇，然而，尽管他们离开了原来的环境，表面看起来开启了崭新的生活，但是在现实生活中还是会碰到一些类似的事。总是会有人拿他们当出气筒，他们也总是习惯性地不断检视自己，到底哪里做得不够好，所以才被人看轻。他们战战兢兢想要拼命优秀，却又总是不能如愿以偿，走着走着就会发现，自己似乎又回到了小时候姥姥不疼、舅舅不爱的样子，成了一个可有可无的存在。

这是怎么回事呢？

有时候我们会说，一个人身边的一切都是自己吸引来的。这话听起来有点玄，但不无道理。生活中常常会有这样的事：一个人在单位做事时总怕出错，虽然努力地表现，但还是担心来自领导的批评和不满，或来自同伴的指责与嫌弃。然而越是这样越是容易遭到批评和嫌弃。为此这个人会感到委屈和不平，会觉得"我已经这么努力了，为什么领导还是不满意？为什么不说别人只说我一个人？明明他们还没有我做的工作多"。

这种人的原生家庭中往往父母比较强势，习惯于贬低孩子。所以，子女在父母面前总是有点提心吊胆，担心自己做不好，害怕父母的指责。越是这样，越容易出问题。这种家庭出来的孩子到了学校里，走上社会，就会以同样的心态和心理与别人建立关系，会担心因为做不好事情而被批评和指责。

如此一来，在别人看来正常的沟通，他却会从中捕捉到责备的味道，会觉得别人对他有看法，不满意，于是就会在心里生出不满来，或者生出恐慌来。而这样的不满又很容易使别人对他的态度变成真的责怪，或觉得不可理喻，如此恶性循环。如果情绪是恐慌，则表现出来的就是畏惧和退缩，而大多数人在面对这种畏惧和退缩时反而会在潜意识里被刺激到，以一种更加强势的态度来对待这类人，于是又进一步验证了这个人的预想，于是变得更加退缩，进而招来更进一步的"压榨"。

这有一点像"欺软怕硬"的意思。"怕硬"这个不难理解，而"欺软"，很多时候是那个软弱的人自己招来的。要知道，很多人的善是因为软，而很多人的硬是因为不那么善。又硬又善良的人就相当厉害了，所以这类人并不多。而那些不自信、又胆小怕事的人，很容易就会被那些又硬又不善良的嗅到气味，进而恣意攻击。

在生活中，一个女孩如果在幼年时一直目睹父母的争吵以及父亲对母亲的家暴，她在长大后找男朋友时为了避免像母亲一样被家暴的命运可能会很幸运地找到一个脾气性格还不错的人。他们的新婚生活也许会有一个比较甜蜜的阶段，但是随着柴米油盐的日子到来，两个人免不了磕磕绊绊，这时候只要一出现问题，女方就会表现出原生家庭中母亲的样子。一方面她不知道如何正常地交流，不懂得如何用一种和平的方式来解决问题；另一方面她会在潜意识里认为：暴风雨马上就来了，他不会打我吧？我要做好准备，我绝不能输给他！就像一只乍起毛的公鸡一样和对方争吵，一再挑战对方的底线，像在逼着对方向自己开火，和自己作战。

当对方终于被逼急了时，她自然而然觉得：你看，你要打我了吧？你终于要动手了吧！并且会不断地刺激对方："你打我呀？你不敢了吗？你还想……"因为在她心里，两个人出现矛盾时，这样的行为和对抗是必然的。而她这样火上浇油的做法如果一而再再而三地出现，对方就可能因为控制不住而动手。这就等于证实了她是对的，对方就是存心要打她，这时候这个可怜的女人心中终于一块石头落地，似乎尘埃落定，于是以一个受害者的身份开始到处哭诉委屈，寻求同情。而她自己全然意识不到，这些虐待和暴力其实很大程度上是她自己招来的。

也就是说，一个人在原生家庭中形成了怎样的互动模式，长大后他就会不断地重复这种模式，即使对方不是原生家庭中那样的人，但是受潜意识的驱使，他会慢慢地因为自己的行为和无意识而使亲密关系向着他所熟悉的那个方向发展。

当然这种模式的形成是关系中的双方共同促成的，并不仅受一方支配。婚姻关系中因为恋爱、结婚而得到疗愈，使旧时创伤得以不同程度修复的例子有很多。因此我们有一个说法：爱情是一个人医治心灵创伤的千载难逢的机会。当然这要看双方力量的强弱和成长的智慧。

回到我们对自己和关系问题的认识上，一个人在别人眼里是一个什么样的人，往往是由这个人对自己的认识而决定的。你有什么样的内心世界，就会有一个什么样的外部世界；你用怎样的方式对待自己，别人也就会用什么样的方式对待你。或者说，你怎样看待自己，别人也会怎样看待你。别人是以你看待自己的方式看待你，而你会从外界的眼光里感受到你内心对待自己的样子。当你觉得别人对你不公、为一些事情感到愤愤不平的时候，恰恰是你自己在用实际行动告诉别人：我是这样的人，你可以用这样的方式对待我。

如果你的内心从容，从外界感受到的多是温和与平静；如果你内心和善，你的周围就充满了友善与温暖；而假如你是一个自卑的人，你就会很容易感受到被歧视；一个叛逆的人看待周围则全都是挑剔的目光。这些都是你的内心在外界的投射。

若一个人长期感受到外界的黑暗、不公、冷漠和伤害，那十有八九是他的自我认知出了偏差。这时候他需要改变的可能是自己，而不是外部环境，他需要有一些阳光照进自己的心里。只有当他的内心充满了阳光，他看到的外部世界才可能是灿烂的、积极向上的。

所以，你想让别人如何看你，首先你要这样看待自己，因为只有你自己才能决定你在别人的眼里是什么样子。

要改变自己的内在相当困难，如果在原生家庭没有得到足够的爱，便很难与这个世界发生爱的连接。只有自己先去爱自己，才可能生发出有爱的关系。

爱自己是一切爱的开始，如果没有充分地爱过自己，便很难有力量去爱他人。不完美的原生家庭可能使我们很受伤，但我们可以自己学习"爱自己"，提高爱自己的能力，让自己不再停留在那个缺少爱与温暖的情境中。

要学会自我滋养，自我关怀，自己给自己补充能量，依靠自己的力量去弥补童年的缺憾。当你很爱惜自己时，你就有了"被爱"的基因，你周围的人也会自然而然觉得你是可爱的，是值得被爱的，会按照你爱自己的方式去爱你，于是你和别人之间就有了与之前不一样的关系。

3. 边界意识：不侵犯别人，
亦不被人侵犯

边界意识包括两个方面：一个是守住底线，不被人侵犯；一个是保持距离，不侵犯别人。

中国人边界意识缺乏是相当严重和普遍的。当你新到一家公司，会有人神秘地问你：今年多大了？有没有对象呀？家里都有什么人啊？当你回老家休假，会有街坊四邻问你：一个月挣多少工资啊？为什么这么大了还不结婚呀？如此种种。

这还只是表面上的、很容易被觉察到的侵犯。我们每个人可能都在不同场合碰到过这种查户口式的提问，让你不胜其扰，心里产生被侵犯的感觉，却又难以严词拒绝。因为很多人把这种盘问当成拉家常式的拉近关系的社交方法。

而更多、更具迷惑性的，则是心理上的界限感。

心理上的边界不清有几种典型表现：拯救，把别人的事当成自己的事，宛如救世主一般对别人的生活强势介入，责无旁贷地承担起帮助别人的责任和义务；控制，这是在中国家庭中最常见的一种越界行为，一般是家长对孩子的控制比较严重，他们把孩子当成了自己的一部分，随意跟踪、羞辱、指责、要挟、讨好、恩赐、单方面过度保护等，而从不关注孩子的内心到底在想什么，需要什么；依赖，这也是没有边界感的一种表现，与拯救相对，靠依赖别人，侵入别人的生活，给对方造成压力。

在家庭中，很多家长天然地认为孩子是自己的私有财产，对其有着强烈的控制欲望。他们粗暴地强制孩子穿他们认为合适的衣服，对已经长大了的孩子的房间推门就进，擅自做主把孩子的宠物丢掉，将孩子心爱的玩具送人，意识不到自己的孩子也需要被尊重。很多妈妈常挂在嘴边的一句话是："子女不管多大在父母的眼里都是孩子。"语气里满是深情，而这恰恰是亲子联结永远也撕扯不开的那道边界，一句话不知道捆绑住了多少人，让他们在不长的人生中充满遗憾。很多子女在婚姻中的问题也源于此。

还有很多是家庭成员之间互相过分干涉，总觉得对方的言行是不妥当的、有问题的，总要拿自己的标准去教育和要求其他成员，甚至有些婆婆干涉儿子、媳妇的生活导致家庭破裂。而在家庭中界限不清的人，往往人际关系也不会很好，因为他们在外面有着同样的界限模糊的问题，分不清什么该说，什么不该说，什么该做，什么不该做，随意介入别人的生活。

喜欢对别人的生活指手画脚，这是对那些没有界限感的人很好的一个画像。他们把关系模糊当成亲密，把干涉他人当成仗义，这是很多中国人的日常。他们要么肆无忌惮地和并不熟识的人开着过分的玩笑，要么义不容辞地对一个和他毫无关系的人谆谆教诲着他自以为正确的大道理，完全没有侵犯隐私的概念，没有私人空间的概念。一个人的关系界限越模糊，就越难成为他自己。这样的人表面上看起来和别人的关系很好，但这种关系注定无法长久。

界限感从关系双方来说除了不去贸然踏入别人的边界，同时还要守住自己的边界。

不踏入别人的边界，是对别人的尊重；守住自己的边界，是对自己负责，也是自己幸福生活的保证。如果被老板侵犯了权益不敢去争取，被父母强加的"爱"无法开口说"不"，被朋友无理的要求不能坦然拒绝，这同样是没有界限感的表现。

不能守住自己边界的典型症状是：属于自己的利益不敢争取，不属于自己的事情无法拒绝。

他们可能在被侵犯时会觉得，就满足对方一次，幻想着不会有下一次了。但事实是，人是没有那么容易满足的，只会得寸进尺。如果你一再退让，就等于在告诉别人：来吧，我没有边界，你可以随意地进入我的地盘。别人就会看到你的无底线，会一再地、变本加厉地侵犯你的边界，以始终和你保持紧密连接的状态。

只有当你态度坚决地拒绝别人，才是在明确告诉别人，你是有边界的，是不容随意侵犯的。别人才会适应你的拒绝，不再轻易踏入你的边界，并彼此形成习惯。如果你面对别人的入侵只会退让，不能守住自己的界限，那么别人就会欺负你，因为他们看到了你的忍让和无原则。从另一方面说，你也是在纵容他人对你实施侵略行为。

但是我们很多人对此采取的方法是：习惯性地、被动地一忍再忍，个人的边界不停地被侵犯，直到退无可退，最后或爆发，或远离，使关系出现危机，甚至断绝关系。

还有一种没有边界的表现不是那么容易被发现，甚至表面看起来还可能是被提倡和肯定的，那就是对别人热心的帮助和关心。

我们常常被教育要助人为乐，当人遇到紧急情况、危险，或者很明显需要帮助的时候，采取适当的方法去提供尽可能的帮助是理所应当的。但是在别人没有向你求助的时候，你过于主动帮助也许并不是对方所需要的，甚至有可能给对方造成伤害。而且如果你帮助的方法不当，或者是帮助了不值得去帮助的人，最后受伤害的还可能是你自己。类似"升米恩，斗米仇"这样的古语，说的就是这个道理。

每个人有每个人的活法儿，同一件事每个人也有不同的处理方法。当你觉得别人的一些做法不当时，不要觉得那一定是不好的，错误的。因为别人有别人的想法，你如果贸然提出建议，首先不见得是受欢迎的，别人很可能并不想听他人的建议；其次，如果别人听了你的建议，在实施过程中出现任何问题，他都有理由把责任怪罪到你头上。

帮助人要记着只帮那些需要你帮助的人。此外，如果你不能保证完成别人的委托，或者那不是你所擅长的事情，即便别人向你提出请求，也不要贸然答应去帮助他，防止帮倒忙。

有句话说，这个世界上只有三件事：自己的事，别人的事和老天爷的事。做好自己的事，不干涉别人的事，顺应老天爷的事，人生的一切就都捋顺了。

有人会觉得这句话太冷漠了，好像在提倡"各人自扫门前雪，莫管他人瓦上霜"。其实这是完全不同的两码事。"界限感"说的是思维方式、价值观、世界观；而"助人"是别人遇到了实际困难伸出援手，不是对别人的隐私伺机窥探，对别人的处事态度、消费方式、思想观点等恣意评判。帮助别人只有在其需要的时候才有意义，而不是对别人的生活随意褒贬。

界限感不是关系疏远，不是待人冷漠，不是态度傲慢。不管是恋人之间，还是亲子之间，真正的爱都是有边界的，是要给对方以尊重和自由，以此为前提，爱才会甜蜜，才可能有幸福感。反过来，也只有有界限的关系，才可能发展出真正发自内心的健康的爱。对于孩子来说，则可以掌握更多的主动权，有利于孩子成长为内心成熟的独立个体。

所有习惯性控制别人的人，都是因为控制不了自己。过多地侵入别人，必然会引起他人的反感，使矛盾加剧，使关系变得疏远。所有痛苦的家庭和不良的人际关系背后，都是因为人和人之间没有界限。因为没有界限，所以纠缠不清，互相伤害。当你能够控制自己的时候，才说明你对自我的认知、对人与人关系的认知是成熟的，自然就不会试图去控制别人了。

密不透风的关系会让人窒息，只有有边界的交往，才是舒服的人际关系。要想生活能够清清爽爽，那就守好自己的界限，建立起自己婚姻的界限，也为你的孩子设立界限，使大家都能在各自的空间里享受美好，又在互相交叉的关系中发现美好。

4. 学会拒绝，你可以对世界说"不"

虽然学会拒绝比较难，但并不是没有可能

不懂拒绝，不会说"不"，可以说是困扰很大一部分人的一个问题。当别人向你提出不合理要求，或者要求你提供能力范围之外的帮助，或者习惯性地把你当作可以随意使用的工具，又或者像打探隐私一样对你的心理疆界进行侵犯时，你虽然心里不爽，知道这有问题，不合理，不情愿，却又不知道该如何拒绝，似乎这就是你的宿命，怎么也摆脱不了。因为你在心里认为，既然别人都提出来了，那就是你应该做的，完全不知道怎么张开嘴去拒绝别人。

不懂拒绝的几种不同情况

第一种是无意识行为，对他人的无条件"顺从"已经内化于心，觉得这样是正常的，只要别人张嘴向你提出要求，你就应该满足，不然不就把人得罪了吗？怎么能和别人搞好关系？

这样的人在人际关系简单、知彼知己、人性良好的小圈子里尚可，大家彼此理解，可以维持比较好的人际关系和和谐氛围。如果是在一个相对复杂的环境里，很多人又会理所当然地从他这里索取，甚至是恶意地索取，而这个人虽心有不甘，又无可奈何，因为他们不知道自己是可以拒绝别人的。

完全没有说"不"的意识的人，童年时期肯定是被要求绝对听话、绝对服从的孩子。他们的吃、穿、用、玩等一切都按照大人的想法来安排，孩子不允许参与任何意见，不允许提出异议，只要按照大人说的执行就是对的，是好的。这样的生活看起来好像也不错，只要习惯了，放弃自己的想法，似乎也可以活得很好。但是进入社会以后，他们必然对周围的人也是习惯性地服从，因为那就是他们和人互动的模式，也就是幼时在原生家庭形成的与父母之间的互动模式。

但是社会毕竟不是自己的家，社会上的人也不是自己的家人、家长。在家里父母虽然剥夺了孩子的意志，可还是会保证孩子必要的利益和需求，但是在社会上，没有人会无缘无故给你利益，没有人会主动为你的需求着想。这时候你就会有被欺骗了的感觉，觉醒的你很可能会怨恨父母，会觉得他们没有教给你任何有用的东西，把你教成了一个没用的傻子，进而和父母的关系紧张，形成隔膜。

这个觉醒时间会根据个人遭遇、经历不同，有早有晚，早的可能从进入青春期就有了自己的思考，晚的也许要在社会上受到严重打击之后才觉察到问题。更有甚者可能一生都在委曲求全中度过，从不曾觉察自己有什么问题。

第二种情况是在遇到他人的无理要求时，虽然自己不想做，心里很不情愿去做，或明知是自己难以做到的事，却磨不开面子，推脱不掉，最后使自己为难。这样的人虽然不像第一种在童年的经历中毫无资格和权利可言，但是他们同样是以"听话"为标准教育出来的一批人，同样是不会说"不"的人。

第三种情况是明知道可以拒绝，应该拒绝，想要拒绝，但是他们的本能反应是顺口答应，这是他们的习惯性反应，过后回过味来才想到本应该拒绝的，看起来反射弧比较长。这样的人总是会让自己处于不断的懊悔当中，并为此无限纠结。这一类人的问题更接近人际沟通的问题，或者是格局大小的问题。虽然这也和原生家庭的影响有关，也是潜意识的一种本能反应，会涉及"乖孩子"的问题，但很大程度上也可以说是习惯养成的问题，只要加以重视和刻意锻炼，遇事先经过大脑进行思考，慢慢就会形成靠自己去判断的习惯，而不是幼年形成的本能反应。

上面三种情况既是三个单独的问题，也可以是同一个问题的三种不同程度。有第一个问题的人如果在生活和工作中因为不会说"不"而连续受到伤害，或不断给自己带来麻烦，就可能觉察到问题并有改变的想法，这时候会出现第二种情况。第三种情况则是在心理状态相对较好的情况下一些人际交往技能的缺失，需要通过学习来提高自己在人际交往中的自我保护能力。我们这里主要针对的是前两种情况，也就是明显带有心理创伤性质的问题。

是谁堵住了你说"不"的嘴?

说到心理的童年创伤，我们大都会想到家庭暴力，被虐待，或严重的冷暴力等，对当事人造成的影响比较大，也会让当事人记忆深刻，终生难忘。但是还有一些内在的创伤在日常生活中是显现不出来的，只有在遇到特定的问题时，在一些特殊的情境下才会被发现，被看到。或者他们的亲密关系总是不顺，总是出现问题，经过寻根求源，就会追溯到在原生家庭生活时的幼年经历。这样的问题和年幼时在原生家庭所接受的"听话"教育，服从教育，有着千丝万缕的联系。

大多数情况下人们对年幼的孩子不太会施以粗暴和冷漠，一般都会将他们照顾得很好。即便是长大后难以拒绝别人的人，他们在童年时期可能吃穿用度都有保障，甚至还可能物质条件比别的孩子更好。但是他们有一个共同点：被要求听大人的话，要乖，不允许出差错，不能反驳。在这一点上，他们的父母表现得比较强势。

"乖"几乎是中国父母夸赞孩子时使用频率最高的一个词，是父母衡量孩子好坏的通用标准。有一个"乖孩子"似乎是父母养育孩子的终极目标，也是让别的父母无比羡慕的事情。而"乖"在生活中的体现就是"听话"。父母希望自己的孩子对他们唯命是从，不容有任何违抗。在他们看来，不管自己混得如何，懂得多少，孩子只有听他们的话，一切按照他们说的做，将来才会有出息，才能有所成就。

但是，孩子最初都是有脾气的，人的本性就具有攻击性。有攻击性才有活力，才能表达自己的欲望和想法，也才能发展出主动性、创造性等积极的习惯和能力。

孩子很小的时候即使不会说话，也会以哭闹抗议；当他们学会了语言表达，就会以语言的方式提出需求和意见。但是在父母养育他们的过程中，乖、听话、顺从，成为父母要求他们最多的一个标准和条件，渐渐让他们闭上了本来可以和人正常交流、申辩与提出要求的嘴。也许在他们还没有学会说话的时候，就先学会了对外界的唯命是从，因为这是他们的生存本能。

如果孩子的攻击性在出生不久就因为大人的强势而被压制，那么他就只能屈从于大人，也就是屈从于自己的父母，变得唯唯诺诺，无法自主地开启属于自己的生活，同时可能使自己陷入困顿之中，过上与父母的期望完全相反的生活。比如在他们长大成人后在社会上只能处于服从地位的被领导角色；最可悲的是，他们甚至可能连自己的权益都无法保护，因为在外面没有人能像父母一样替他们设计和安排生活，而在有人侵犯他们时，他们只会服从，不会说"不"。为了适应这个社会，他们在困境中不得不重新调整自己的认知和行为，让自己重新成长一次。但是这个成长是一种撕裂，并非我们想象的那么简单。

成年后通过主动学习和成长当然可以使自己提高很多，但是对于问题较大、程度较深的，需要觉察并实现潜意识的改变。这是一种脱胎换骨的蜕变，常需要专业咨询师的引导，自己很难独立完成。

事实上，如果你的孩子真的是心甘情愿地习惯性的服从，最终带来的问题远不是成年后因为不会拒绝而在生活工作中吃点儿亏、人际关系出现问题这么简单，很可能他一生的幸福就直接因此泡汤了。第一章案例中那个只会服从、只会一切都照着指令行事的M，不仅在工作上让自己处于非常被动的状态，在家庭婚姻上也有很大问题。因为服从的对立面就是反抗、反对，就是拒绝。一个只习惯服从的人，也意味着他是个完全不会说"不"的人，而不会说"不"，导致他在婚姻问题上明知自己和对方完全是两个世界的人，却没有办法快刀斩乱麻地分手，反而在女方感觉到危机来临而向自己逼婚时，无奈进入婚姻，于是深陷一段如苦行僧般混乱如一团麻的婚姻。几年之后这段婚姻最终以离婚收场，给了自己一个很大的教训。

所以在遇到有人咨询婚姻问题时，有些咨询师习惯性地提示来访者"你当初看中他并和他结婚，一定是他有些方面是吸引你的，重新去发现那些曾经吸引你的东西就会……"其实这种提法是有一些片面的。因为两个人结婚并不一定是看中了对方一些什么，有一部分人并不对结婚抱有期待，只是因为个人性格的原因没有办法拒绝，而稀里糊涂地走进了婚姻。结婚以后，互相折磨，彼此伤害透了，再离婚。

另有一位女性来访者在婚姻家庭生活中即使自己病到虚脱，还要爬起来坚持给全家人做饭，因为她觉得那就是她分内的事情，无法张口要求别人去做。这也是一种不会说"不"的表现，而且是在生命早期就形成的内化到潜意识里的"不倒下就没有理由停下"的意识和观念，这让她半生为他人劳碌，却并不清楚为什么自己会这么苦命。

你可以说"不"，或者再加上一点技巧

说这么多只是想告诉那些在生活中想拒绝他人却又不会说"不"的人，拒绝是你的权利，也是正常的日常交往行为，你和他人一样有资格按照自己内心真实的想法去生活，去和别人沟通。当你这么做了你会发现，他人并没有因为你的拒绝而把你怎样，相反，也许他们对你会更尊重。

只有当你看到真实的自己，顺应自己的内心，勇于去表达自己的内心，才能不在纠结和对立中委曲求全又茫然无措，否则你的好人缘只是一个虚架子，禁不得一点风雨。看看周围的人你就会发现，那些从来不懂得拒绝、总怕得罪人的人，反而更容易得罪人，因为只要他们对他人稍微不服从或有意见，就会被划入黑名单；而那些看起来整天得罪人，敢于维护自己利益和发表自己看法及观点的人，反而容易聚起人气，最终受人尊重，因为他们有底线，有自己的观点，而不是以别人对自己的评价为标准。这里的关键是要在自己心中树立起一个看待事物的明确认知，而不是以他人的眼色和脸色作为行动的标准，以他人对自己的肯定作为为人处世的原则。

在这个世界上，服从与合作是必需的，因为我们不能单

打独斗在社会上生存。但是当涉及个人利益和隐私时，我们也需要做好自我保护。这里涉及上一节所讲的边界问题。当别人逾越了我们的边界，我们就要理直气壮地，或是策略迂回地御敌于边界之外，勇敢说"不"，而不能任由他人在我们自己的私有领地上恣意践踏却不敢发声。

为了使我们的拒绝不显得那么生硬，使我们的人际关系自如地运转，且让我们自己的感觉也更舒服，可以在拒绝他人的时候采取一些适当的技巧。比如态度上要给人以尊重，而不是拿出吵架的架势；比如，要搞清楚双方的关系，然后再据此把握拒绝的尺度和方法。最重要的一点是，拒绝一定要明确、清晰，并说明原因。模棱两可、含糊不清，只会让对方产生误解，觉得还有希望，并且会认为是你不情愿，反而对你心生不满。

如果是你比较看重的关系，你可以视对方请求的具体情况和事情大小在拒绝之后做适当的补偿，这补偿可以是对方请求内容的一小部分，也可以是与此无关的其他补偿。但一定要明确这是你心甘情愿地提供给对方的能力范围之内的帮助，而不要让对方误解你是在为自己的拒绝表示歉意。

5. 不愿意麻烦别人，表达需求令人羞耻吗？

麻烦别人对有的人来说是一件很难的事，他们会为此承受巨大的心理压力。

"不想麻烦别人""别总是麻烦别人"是很多人做事和

教育孩子的一个准则，尤其是那些心地善良的人。

这里说的不愿麻烦别人，当然不是我们常规意义上的做事情不随便给别人添麻烦，而是在遇到问题或需要帮助时，对自己的家人，包括父母、子女、很好的朋友，甚至爱人，都不愿求助，害怕麻烦他们。求助别人对他们来说是一件非常困难的事，会让他们感到尴尬和脸上无光。有些所谓的"麻烦"，实际上只是正常的人情往来，但是对他们来说却如有重负，难以承受。

他们不但不习惯主动求助，遇到有人主动帮忙时，也会习惯性地推开："没事没事，不用管我，我自己来。"这是他们惯常用到的词汇。这样做的潜在目的也许是为了维护关系，然而慢慢地，所有的关系在互不麻烦中都渐渐疏远了。这些人禁锢在自己的世界里，在确实需要别人的时候，就这样自己咬牙坚持。

这类人有一个共同特点，那就是习惯付出，从不想着从别人那里得到些什么。他们总是给予，觉得理所应当，却难以心安理得地接受；所有的事情他们都默默地一个人扛，吃了亏独自往肚里咽，不知道事情也可以让别人来分担。他们虽不愿求人，但是被人要求时又总是有求必应，咬着牙也要把答应的事情完成。并且他们对于他人的需求能敏感地觉察，并尽自己的最大能力提供帮助。他们一辈子都在尽力去为别人做事，成全他人而不求回报，对于别人的给予又总是拒绝。

但是这样做并不能得到任何好处，相反，可能遭人埋怨，甚至被伤害。

因为长期单方面的付出而不求回报容易被人认为是理所当然，或者自找的。另一方面，当一个人总是不需要别人，又总是"无私"地帮助别人时，等于总是让别人对你有亏欠感，别人的心里也会不舒服，会有压力，因此，选择远离就很正常了。于是这就让求助困难症的人更加觉得人心不可测，对于求助别人敬而远之，形成恶性循环。

这种关系模式无疑是有问题的，在社会上是行不通的。因为被需要也是一种心理需要，这种单方面付出的模式使双方的关系变得不平衡，失衡的关系阻碍了双方情感的流动，最终使关系成为死水一潭，失去生机。

为什么这些人不愿意麻烦别人？并不是因为他们真的不需要，而是他们自幼就习惯了这样的模式，这是他们在原生家庭中自我保护的一种方式。

在生命早期，在和家人父母的互动中，孩子有需求时如果不能得到主要抚养人尤其是母亲积极、及时的回应，甚至还遭到父母家人的嫌弃，孩子绝望之下就会慢慢习惯这种被忽略，在潜意识里就会形成这样的认知：我是不重要的，我的需求是不应该的。于是他们不得不把自己的需求一降再降。长大以后他们就会对别人几乎没有任何要求，甚至认为对外界有要求是一件让人羞耻的事。又或者抚养人会有意引导教育，让他们觉得麻烦别人、提出请求会让人反感，会得罪人，而不求助则可以让他们在父母那里得到肯定和表扬。因而慢慢就在潜意识里形成了这样一种拒人千里之外的关系模式。

这样的人自我价值感很低。当他们这样做的时候，他们的内在语言是：我是不值得的。他们觉得自己是廉价的，自己有需求是不正当的，自己不值得别人的帮助，不值得别人的给予，害怕让别人为自己做事别人会不高兴，也担心会欠下别人的情，因而不去麻烦别人。

我的父亲就是一个从来都不愿意麻烦别人的人。他们那代人生活在物质极其匮乏的年代，那时候爷爷在北京工作，父亲作为家中的长子，很小就帮母亲干活，并帮着照顾弟妹，是被当作大人一样和母亲一起撑着一个家的，于是作为一个小孩子的需求就很难得到满足，从而形成了他潜意识里的不配得感。同时因为奶奶"不亏欠他人"的为人处世原则，以及家里没有成年男子作为依靠和榜样，所以父亲只是单方面从奶奶那里习得一些我称之为"自保式"的做事习惯和为人理念，缺少和外界"互相麻烦"式的往来互动。

这样的好处是，父亲凭着一股不服输的精神，在文化程度不高的情况下，靠着一支笔一步步奋斗出来，最终做出了一番成绩，拥有了一定的社会地位。但是他除了尽心尽力去做事，从不会为了自己的任何事去麻烦领导，也不会接受他帮助过的人给他的任何好处，不是因为刚正不阿，而是他觉得那样太麻烦别人了。反过来，被别人麻烦，他则习以为常，不觉得有什么不妥，有什么需要回报的。

退休以后随着年龄的增长，老年人的心理会变得越来越脆弱，父亲因为不再工作而出现自我价值感降低的情况，那种怕麻烦别人、怕接受别人给予的心理愈发凸显出来。比如每当有人来看望他，如果带了东西，或者帮他做了什么事，这些人不管是父亲帮助过的人，还是自家的晚辈，父亲都会感到不自在，觉得不应该，太麻烦人家了。这种情况如果是别人很真诚地表达谢意，就会显得有点尴尬。如果别人本就只想客气一下，或是碰到不懂得感恩、心地不那么纯良的人，就会在以后因为你的这种态度而对你给他们的帮助表现出无动于衷，甚至不屑一顾。因为你自己都无所谓，那他们自然也乐得理所当然，何乐而不为呢？

对于六七十岁的老人来说，他们自身需要被帮助的时候会越来越多，所以有时候我也会提醒一下"老好人"的父亲：晚辈关心你、帮助你，你就心安理得地接受，这样对双方都是好事。自己付出那么多，得到些帮助没有什么不应该的。

只是，这种骨子里的习惯是不容易改变的，只能一点点影响。强制性地一下子要老人接受太多他不习惯的东西，会给他带来心理压力，反而给自己本来安逸的生活带来不快。

6. 要学会麻烦别人，才能让关系流动起来

好的关系需要流动。要学会麻烦别人，才能让关系流动起来。

总是善待别人，却难以接受被别人善待；自己的事情总是习惯自己搞定，却无法坦然接受来自他人的帮助和回馈，这多半源于早期的亲子关系。那些大家眼里的老好人，大多内心是干涸的，很少或从未被爱滋养。所以他们在潜意识里不相信别人会心甘情愿地对他们好，认为别人帮助自己，肯定心里是不舒服的，是不乐意的，是会有意见的。

但是如果真的让他们正视自己的内心，看到自己的需求，心安理得地去接受别人的帮助，又是太困难的事。因为那样的认知是在幼年时期形成的遥远的心灵印记，所以深入他们的潜意识。他们的内心没有一个坚实的自我作为基底，如果有人帮助，他们会产生强烈的愧疚感和亏欠感，因为他们害怕亏欠别人。为了获得他人的喜欢，他们本能地将来自他人的帮助拒之门外。

但是这种单方面的付出是一种能量封闭的状态，并不

是一个良性的模式。良性的关系模式需要流动。何为"流动"？只有在你为别人付出的同时，自己有需要时也能适当地麻烦别人，也给别人一个做"好人"的机会，这样关系双方的能量就可以像流水一样互相流动。人和人之间正是因为有你来我往的这种互动，彼此才建立起更加深厚的情感和友谊。

这时候能量是活的，关系是活的，大家互相付出，彼此都享受这种状态。如果没有这种"流动"，就会让人感觉不舒服。如果人和人之间没有了互动，也就谈不上交往关系了。

我以前受家庭潜移默化的影响也是不求助他人的，觉得那样会讨人嫌，什么事都自己想办法解决。但是现在我已经很习惯在遇到困难的时候张口求助。工作上固然需要合作，生活中更是随时都会与他人以求助方式进行互动。比如外出旅行时，我会随时找人问路，而不是闷头琢磨该往哪个方向走；我会让旁边的男士帮我放行李，而不是自己对着沉重的行李箱发愁。这样的习惯会使我们和他人的关系、和世界的关系变得灵活而有温度。当你坦然接受这样的关系模式，便不会为因别人付出而感到纠结，并能从中感受到生活的美好了。

人的心理是有一些奇怪的。当你确实需要别人帮忙的时候，求助其实很正常，不求助反而可能让人觉得你有些愚蠢。我们大多数人都有善的本质，会乐于在他人需要帮助的时候搭把手。但是这种行为出于种种原因有些不会自发地表现出来。比如遇到坏人时大家可能都想出手，但是又都等着有个人先出头，如果没有人带头，很多人就会心里踌躇，很难有行动。又比如当看到一个人需要帮助，但是很多人或者是因为害羞，或者有其他顾虑，真正能付诸行动主动帮助别人的并不多。这里我举一个时间比较久远但一直让我记忆犹新的例子。

很多年前在老家，有个人拉着一车沙子从村里路过，遇到一道坎怎么也过不去。路边石头上坐着几个村民一边看那个人费力拉车一边聊天，刚好被从旁边路过的我听到：这个人是不是傻？怎么不知道张嘴让人帮个忙呢……

当时我似乎很能理解那几个人的心情。首先那个拉车的人应该是一个特别内向、不愿意开口向人求助的人；而那几个坐着聊天的村民看似在看那个人的笑话，但是他们的对话里已经透出了一个朴实善良的人因为觉得应该去帮别人而不知道怎么伸出援手的焦虑。为了掩饰自己的尴尬，也为了不让自己看起来太没有人情味儿，于是他们就只好去责备那个需要帮助的人为什么不知道开口求助。

对那几个旁观者来说，助人为乐是书上的事，和他们没有关系，学雷锋做好事会让他们为难，他们自我感觉没有那么高尚。那时候他们接受的理念可能不允许他们太张扬，却又有一副好心肠，他们需要有人推他们一下，让他们被动地去帮一下那个人。如果那个需要帮助的人主动向他们提出请求，那么这件事就会变得非常简单，就像乡里乡亲谁有事了招呼一声一样，马上就会有人过来帮忙，关系会因为流动变得自然而融洽。偏偏那个人是一个不会求助的人，于是问题就显得有点尴尬。

那个拉沙子的人折腾半天不但没有把车拉过去还撒了一地的沙子，没有办法不得不向旁边不远一直看着自己的几个人求助。于是几个人纷纷找来铁锹帮他把沙子装好，推过那道坎，然后又一起点燃几支烟聊了一会儿，那个人才又拉上车重新上路。

也许最初那个拉车的人还在害怕出糗，担心自己会被别人看笑话，但是当他迈出那一步，终于开口向陌生人求助，结局无疑是美好的，双方都松了一口气。

拉车的人不仅得到了帮助，更重要的是，他突破了一个心理障碍，很可能就此多了一份感悟和心得，以后的生活也会因此有很大的改变。帮忙的几个人则存在着当时社会、家庭普遍认同的不冒头、不拔尖、不突出自我的社会心理，不敢做自己，表里不一，不敢按照自己内心的真实想法去行事。

这些其实都是生活中最普通不过的事，向他人的一声求助，不但不会招致不满，还很可能会拉近彼此之间的距离。在陌生人之间是这样，在其他社会关系以及亲密关系中同样如此。对你置之不理的人固然有，但是更多的人其实非常乐意帮助别人解决一些力所能及的生活上的小事。当大家都这样做的时候，愉悦的是双方，收获的也是双份的快乐。

我们需要善意，需要心存善良，但是善良不是一味地对别人好而无视自己。适当地麻烦别人，有时候不仅是对自己的善意，更是对别人的一种善意。现在的社会节奏越来越快，有时候人们真的没有时间也没有耐心去过多关注他人的需求。所以能学会主动"麻烦别人"也是一种人生的智慧，是高情商的表现。

那些过分善良的人，那些在关系中感觉到疲惫的人，需要停下来去感受一下自己的内心，去倾听自己内在真实的声音，而不是只为了别人活着。当你这样做的时候你会发现，别人不仅不会因此而嫌弃你，反而会增强彼此之间的亲密感。因为你需要他们，你和他们成了一样的人。

7. "重要他人"可以用一句话改变你的一生

别人的一句话可以改变你，你的一句话也可以改变别人，学会用语言给别人力量，谁都有可能成为别人的"重要他人"。

心理学中有一个"重要他人"的概念，即指我们的父母及其他对我们整个人生走向有重要影响的人。

这个重要他人可以是我们的父母长辈，兄弟姐妹，也可以是朋友、邻里、同学同事，当然还可能只是一个陌生人。因为机缘巧合，在一些关键的时间节点，任何人都有可能因为一件事或者几句让我们如梦初醒的话，改变我们的人生方向或做人准则。

J的情况就是一个非常典型的例子。40多岁的J现在在一家公司负责一个重要项目，她工作起来风风火火，很有女强人的风范。但是我知道她的内心很柔软，性格其实也是文文静静的。她对心理学感兴趣，所以和我认识之后经常来找我聊天喝茶，谈论一些生活的过往和关于心理、情感方面的问题。

J经常跟我说，如果我认识年轻时候的她，肯定会觉得和现在的她判若两人。而这样的变化竟然是因为一个陌生男孩的一句话。

J在原生家庭的成长环境很一般，因为有一个非常能打击人的母亲，她从小到大每天都在母亲的贬低、挖苦，甚至羞辱中度过，因此J对自己的认知极度偏差，自卑心理非常严重，一直认为自己是一个相貌平平、资质平平、浑身毛病、没有人喜欢更不会有人爱的女孩。尽管J很有才气，同事也经常夸她内秀，但是这并不能改变她从母亲那里得来的对自己的认知。

内秀她是承认的，不然为什么全厂那么多人，偏偏把她调到办公室写材料？她爱看书，从上学到工作，平时各样书籍没少看，也能写一些东西，但是从来没有人在看书这件事上对她有过肯定，甚至上中学的时候她也不敢正大光明地看书，因为会影响学习成绩。被调入办公室工作，她并没觉得有什么大不了。领导让干啥就干啥，她自始至终都是一块砖，哪里需要就往哪儿搬。所以，在她看来，一切都没什么了不起，她还是不招人喜欢。

同样，在恋爱婚姻的问题上，她因为自卑和被动也会出问题。因为觉得不配得，没资格得，也因为虽然自卑但灵魂高傲，对真正的爱情有着脱离实际的幻想，使她在找男朋友这件事上感到很绝望，最终举手投降，毫无底线地嫁给了一个经济上、素质上、感觉上都一穷二白的人。

婚后的生活无疑是一地鸡毛。这时互联网已经普及到千家万户，J也开始上网。最初，她只是上网冲冲浪，聊聊天。然而，就是这上网冲浪，让她见识了前所未见，和现实世界完全不同的新天地；她和有趣的人聊天，终于能和人敞开心扉地畅快交流。

最重要的是，她不再担心有人会骂她，笑话她，不必担心会出丑。她在网上和现实中很不一样，似乎很健谈，也不会像平时和人面对面交流时那样会发窘，她很愿意展示自己。如果对方有什么不恭，她完全可以置之不理，只找对的人聊天。

在这里，J找到了存在感，她觉得这是一个可以完全由自己做主和掌控的世界，她隐约意识到，属于她的时代到来了。

她不认为这是一个虚拟的世界，因为网络的那边都是一个个活生生的人。她在网上反而感受到一些真正的生活气息，体验到价值感。而在现实生活中，她似乎从来没有真正地生活过。

和她聊天的有一个刚参加工作不久的男孩，他们一直聊得很投机。有一天那个男孩突然开口对她说：我很喜欢你。她有些惊呆了。

这是她第一次听到有异性说喜欢她，因此有点懵，不知道自己哪里有值得被人喜欢的地方，没想到有一天会有人说喜欢她。当她问他这个问题的时候，他竟然说出了一大堆理由：温柔、善良、能理解人、为他人着想、知识丰富、声音也很好听……那个人甚至由此猜测，她一定长得也很漂亮。因为一个这么好的人肯定不会丑的。

J不知道自己居然还有这么多优点。那些她习以为常的本能行为，应该做的事情，原来都是她的优点。她有一些兴奋，也有些不敢相信。那段时间她就像恋爱了一样，每天都心情愉悦，在家的时候会经常忍不住要照照镜子。在镜子里她发现自己似乎真的变漂亮了，连眼睛都看起来闪闪发光。而以前她总是郁郁寡欢，目光暗淡，不知道生活的乐趣在哪里。从那时起，她好像一下子觉得生活有了意义。

J的生活由此完全改变，人也越来越自信。她慢慢找回了那个丢失的自己，一段时间后她果断离婚，辞职，来到了首都北京，开始了全新的生活。此后，J的人生就像开了挂，通过不断学习，不断地接触一些可以带着她成长的人，不断迈上人生的一个又一个台阶。现在的她已经完全看不到十几年前那个没有主见、人云亦云、不知道自己是谁的小女孩的影子了。

这个故事如果不是从心理学的角度、从原生家庭的角度去做深层分析，很容易被理解成一个狗血的外遇故事，然而这实际上是一个因为原生家庭的控制而完全把自己压抑的女性修复童年创伤、找回自我、不断进取、破茧成蝶的经历，是带有很大悲剧意味和励志精神的。

一句"我喜欢你"，以及后面跟着的一串优点，彻底改变了一个人的人生轨迹。对于一个自我价值感低、从来不知道自己有优点、也会有人爱的人来说，那么多的优点被看到，被认同，被一个人如数家珍地说出来，带来的冲击是相当巨大的。而那个人由此也成了J生命中的"重要他人"，彻底改变了J的心理状态和对自己、对生活，以及对未来的认知。

所以，当我们在面对他人的时候，应该谨言慎行，因为很有可能会成为别人生命中的那个"重要他人"，很可能因为一句话给别人的人生带来重大影响。而这种影响不仅有正面的推上坡，同样也有负面的拉下水。

8. 用对方爱的语言去爱，你将收获意想不到的回馈

当你感觉不到爱，并不等于爱不存在，只是你们爱的语言不同而已。

很多时候亲密关系出现问题是因为对彼此的误解。我们可能因为对同一事物或同一行为的不同理解，因为年龄的差异，种族的差异，城乡的差异，男女的差异，原生家庭的差

异，经历的差异，出生次序的差异，个性的差异等，而对亲密关系的另一方产生误解，认为对方不再爱自己，不关心自己，不重视自己，于是出现争吵，进而彼此疏远，关系出现裂痕。

首先我们应该清楚的一点是：当你感觉不到爱，并不等于爱不存在了，很可能只是你们表达爱的方式不一样；而当你感觉到受伤，也并不一定代表别人在故意伤害你，很可能只是你自己的感受不同而已。

关于爱的表达方式，我们可以把它大致分成五种，分别是：珍惜的陪伴，精心的礼物，服务的行动，赞美的语言和亲密的接触。也可以叫作爱的五种语言。

这五种爱的语言没有轻重之分，没有好坏之分，无所谓哪个更重要，哪个不重要。只是对于某一个人来说，哪个使用得更多，或更习惯使用、更喜欢接受，那么这种爱的语言对他来说就是相对重要的。但每个人都不会仅仅使用其中某一种爱的语言，只是会对某一种方式的使用比较习惯或擅长，其他几种也会或多或少地使用。

每个人因为对爱的认知不同，心理的需求不同，想要得到的爱也不尽相同。对于使用较少的爱的语言，我们不但不太会用，甚至可能会感到陌生。而对于我们所熟悉的爱的语言，往往更容易从中感受到爱。因此我们常常习惯于用自己的爱的语言去表达爱，但是当关系双方爱的语言有很大差异时，对方就会比较难理解我们的爱，以致关系出现问题。如果两个很好的人在一起却无法感受到美好与爱，就要想一想是不是两个人爱的语言不一致。如果双方的语言完全不同又非常单一，那么肯定就很难理解彼此的付出，也会因为对方不领情而感到委屈。

比如一个男人经常买礼物给妻子，对家庭也尽职尽责，但妻子却责怪他整天不回家，心里没有家，没有她。那很可能妻子爱的语言是长情的陪伴，而非精心的礼物。所以给她买再多再昂贵的礼物，也不如陪她看一场电影、聊一会儿家常更让她感觉到丈夫对她的爱。当一个妻子在家里日夜操劳，还把丈夫伺候得舒舒服服，丈夫却对妻子多有抱怨，责怪她总是对自己挑三拣四，并没有感到自己有多幸福，那很可能丈夫的爱的语言不是服务的行动，而是肯定的语言。

在五种爱的语言中，中国人惯常使用的更多是精心的礼物和服务的行动。当我们爱一个人时，会愿意为对方花钱，买礼物。这在男性爱的表现中更常见。女性则更愿意为对方去做一些贴心的服务，如烧一顿饭，打一盆水，揉揉肩、捏捏腿等。在西方，爱人之间则更习惯和喜欢用赞美的语言及亲昵的接触。

陪伴，是我们都需要的一种爱的表达方式。有句话叫"陪伴是最长情的告白"。相爱，必然想要和对方在一起；和爱的人在一起，也是我们相爱一场的最终目的。但是在生活节奏越来越快、工作压力越来越大的今天，与爱人、家人相伴的时间越来越少，陪伴对相爱的人来说，越来越成为一种奢侈。

这里重点说一下赞美的言语，也可以叫肯定的语言。对中国人来说，赞美别人是我们在关系中的短板，尤其是在家里，对自己最亲近的人，总有一种"爱你在心口难开"的尴尬和"自家人不用客气"的理所当然。更有甚者，对自己的家里人总是恶语相向，从来不会好好说话，不管什么事，做得好理所应当，做不好理应挨骂。于是家里变成了一个互相挑剔、互相攻击的战场，哪里还能感觉到爱的气息？言语虽无形，伤害却是实实在在的。

根据马斯洛的五种需求理论，被尊重是一个人的基本需要之一。从人的心理反应来看，适度真诚的肯定和赞美，是对一个人某种行为的最大鼓励，可以激发一个人的无限潜能。他会因为你的赞赏而感受到你对他的爱与关注，从而不断重复、强化这种行为，因此做得越来越好。这种对他人的赞美不仅可以是对他人某种行为的肯定，还可以是对他外形、穿着、礼仪、能力等更多方面的由衷赞赏。

但是肯定的语言也是有技巧的，说不好也一样不会起作用。比如一个妻子看到丈夫主动把碗刷了，想要鼓励他一下，就说："不错，还把碗刷了！"丈夫对妻子能看到自己的劳动感到很高兴，但是妻子接着又来了一句："怎么弄得灶台上都是水？也不知道擦一下。"这一下子就让丈夫心里那点儿得意被打击没了，可能以后很长时间都不会再想洗碗。所以有人会说，我也经常在家里表扬某某啊，为什么没有你说的效果？很多时候就是因为这个原因。也就是说，当你在用赞美的语言来表达爱的时候，一定不要在肯定的话语后面再用"可是""但是"这样的词来追加一些不满和意见，否则前面的肯定也就没有任何意义了，对方感受到的只剩下挑剔而不是赞美。

回到五种爱的语言，问题的关键点是，我们需要了解对方，学会用对方的语言去爱，去给对方想要的，而不是我们想给的。做到这一点，我们处理关系就会事半功倍，容易得多。

如果你无法判断对方爱的语言是怎样的，一个很简单的方法是，看他平时对你有哪些抱怨。他对你的抱怨，就是他所需要的爱的方式。

当然，你们也可以坐下来聊聊天，然后直接询问对方需要你为他做些什么，这样可以更精准地知道对方到底想要得到怎样的爱。那种认为对方爱你就会知道你需要什么的想法是很幼稚的，很多年轻女孩容易犯这样的错误，这是很多青年男女恋爱出现问题的原因。每个人都不是别人肚子里的蛔虫，不可能知道对方的脑子里在想什么。

当然，不只是付出爱。作为接受的一方我们也需要知道，没有人可以完全按照你想要的方式去爱你，除了你自己。同时要学着多角度去思考，对方也许不是没有给你爱，只不过他和你爱的语言不一样，他给你的很可能是他认为的最好的爱，只是你没有接收到而已。

怎样修复原生家庭创伤

——你可以做自己的疗愈师

成长是一个人一辈子的事。认识到问题是改变的开始，然而如何做出改变是一门学问。本章着重就如何做出改变、如何自我成长进行阐述。

1. 家庭"生病"后，总有一个人要率先做出改变

抱怨不解决任何问题，父母的过错不是我们不做改变的借口。

当一个家庭的功能失调，这个家庭的运转就会呈现病态的、不协调的状态，家庭成员也会不同程度地出现这样那样的问题。功能失调家庭是在特定的条件下形成的，目的是保护家庭和自我的基本生存与发展，因此它的存在在特定条件下是合理的，在一定程度上保护了家族的发展。只要这个家庭的成员能够接受这种状态，家庭能够基本保持正常运转，那么就不要强行去改变它，因为在条件不成熟的情况下靠外力去强行改变，只会给家庭成员带来痛苦和抵触。

如果是家庭问题较小、成员问题较少的家庭，如果这个家庭的成员学习能力较强，自我改变的意识比较明显，那么他们会在家庭内部自动调适，主动改变，以适应当下内外环境的变化和自我成长的需要。但是对于问题较大的家庭，只有当家庭的运转模式已经完全不适应当下的环境，尤其是当有些家庭成员出现明显的不良反应，按照原有模式已经无法再照常运转下去，这时候就需要家庭内部做出改变。这种改变，往往是从家庭当中受伤害最大的那个人开始的。这个人的改变，将扰动整个家庭在阵痛中做出一系列反应。

当然，我们可能会抱怨为什么我们的父母不做一些改

变，幻想如果父母也能像别人的父母那样可以对孩子怎样怎样，那自己的一切就都不一样了。然而，父母的年龄越大，改变的可能性越小。期待父母的改变是一种把责任丢出去不想为自己的人生负责的表现，与其期待父母改变，不如我们自己做出改变。父母虽然是造成我们很多悲剧的原因之一，但父母的过错绝不是我们不做改变的借口。我们更应寄希望于尚且年轻的自己，改变自己，发现自己的症结所在，想办法去解决自己的问题。

我们也常常会听到身边的人习惯性地说这样的话：我（咱们、他）就是那样的人……言外之意，没办法，改不了，不要和他们计较，一切都是天注定。以此来安慰自己。于是，这些就成了他们不做改变的理由和借口，伤害人的，心安理得地伤害；被伤害的，死心塌地地受伤。

因为不改变是轻松的，舒适的，即使在生活中处处碰壁，即使旧的东西已经严重阻碍了你的发展，但是因为你待在里面太久了，可以不用思考而凭本能就能做出反应，不用费力，也不用费脑，心是随波逐流的，不用逆着自己的习惯走，这就是所谓的舒适区。因此不到头破血流，是很难迈开脚步做出改变的行动的。

而改变是痛苦的，是非常需要勇气并付出努力的。要脱离原来的熟悉的东西是有阵痛的。改变的结果虽然可能是理想的但改变的过程中充满许多的不确定性，面临很多的风险。所以当你做出改变自己的决定，真的走出这一步，是非常了不起的。

事实上，只要有了行动，走出原生家庭的阴影并没有想象的那么难。改变是一种成长，只要你敢于迈出第一步，迎接你的就是无限的可能。因为前面是光，迎着光走，就是希望。

觉察是改变的开始，成长是需要持续一生的事情

有句话说：幸福的童年治愈一生，不幸的童年要用一生去治愈。童年对我们的影响固然很大，但是来自原生家庭的伤痛很多人都有，只是轻重不同而已。关键是我们如何去做出改变和成长。

做出改变的前提是要对自己的问题和原生家庭的问题有所觉察。如果对此不自知，只是狼狈而混沌地生活在痛苦中没有思考，只能自然而然地习得上一辈的错误模式，生活就永远不会改变。

所以，觉察是改变的开始。只有自己看到问题，觉察到自己的内心，并有了改变的愿望，才有动力去慢慢了解这一切的根源，然后像剥洋葱一样，一层层剖析，一步步接近问题的核心，最终拨云见日，开启一种全新的生活。

然而，改变是艰难的，过程是曲折的。改变的过程中你要发现那些限制你的潜在因素，打破那些负面的内在力量。不仅要觉察，还要去分析；不仅明白道理，还要有实际行动。

当你想要重复过去的模式，对外界有了习惯性的敏感反应时，告诉自己这只是你对事情的本能反应和看法，并不是事情本身。

要学会自我欣赏，学会真正的爱与被爱。通过重新建构，坦然放下过去，让内在长期积聚的情绪充分化解；取得了小小的成绩，也别忘了给自己一个奖励，取悦一下自己。这样才更容易形成新的健康的信念，通过内外兼修，重新雕塑和打造一个有价值感、有掌控力的全新的自己。

有些人的改变是在遇到某些问题之后，比如失恋了要挽回，想要尽快解决并希望咨询师能教给他们一些解决的办法。这时候他们的改变过程就会变得很煎熬，因为他们的目的

不是成长，而是为了解决眼下的问题，他们只是把改变当成了做给别人看的事，一项为了某个目的需要完成的临时性任务而已。这样的改变不是内在根源上的改变，只能说明你还没有真正体会到改变的乐趣和改变真正为自己带来的好处。

　　这样的改变也会让你感觉很累。因为一方面你是在强迫自己做改变，一方面又会想：我都改变了这么多，为什么他看不到？我和以前不一样了，他却没有发现怎么办？于是你会焦躁不安。而且你做出的改变不是以自我成长为目的，这样就算眼下的问题解决了，还会有别的问题出现，新的问题永远层出不穷。

　　真正的改变是内在的，是潜意识里的，一点一点的，是你不易觉察到的，不是做给别人看的。改变的另一个更为准确的含义是个人的成长。当成长到一定阶段，你会坦然接受任何可能的结果，并且有能力解决遇到的类似问题。还有一个好处是个人魅力增强，会很自然地吸引周围的人，不管是你想要挽回的人还是想要结交的人。

　　只有当改变成为习惯，天长日久，蓦然回首时你才会发现，你已与很久之前的自己完全判若两人了。

　　改变的过程中还有一个值得注意的问题：当持续不断的个人成长使一个人终于活成自己，并可以与原生家庭达成和解甚至进而影响之，固然是一个巨大的进步，但是对于有子女的改变者来说，在子女比较关键的成长期和自己发生重大转变的时候，如果改变者与子女是处于分离状态的——即在子女的成长和自己的改变过程中，亲子之间没有相互见证，在生活中没有互相影响、磨合与调整，那么改变者的成长并不能使原本有问题的亲子关系得到改善。相反，改变者作为抚养者在言行、思维上的巨大变化还可能使亲子关系发生激烈的碰撞与冲突，因为双方的相处模式已经不是子女所熟悉的状态，子女会对改变者不同以往的表现感到陌生，无所适从，甚至会因为过敏反应而产生负面情绪。这是改变者作为抚养人在对待子女的态度和方式方法上还不足够成熟和明智所致。所以如何在新的条件下形成新的成熟的相处模式将会成为一个新的问题。

这不是你的改变出了问题，而是改变还不足以能够以正确的方式对待自己同样有问题的孩子，这是形成一种新型亲子关系之前的一个螺旋上升的过程。如果改变者足够智慧，能根据新的情况及时检视问题的根源并做出调整，一段时间之后亲子之间就会达成一种和谐的新模式，而这一模式比之前更健康、更有利于亲子双方。这也恰恰说明，我们需要持续不断地进行个人成长。并且成长一定要趁早，最好在做父母之前就能把自己活明白，这样才能减少孩子出现问题尤其较大问题的概率。

所以说，成长是一个人一生的事业；和孩子一起成长是一种必然。

当你习惯了主动改变时，你会发现，不知不觉中你不再固执己见，你的学习能力在增强，你随时都可以发现自己的不足，随时能发现别人的长处，发现值得你借鉴的地方。你不断吸收着各种有益于你成长的能量和知识，也随时在调整着自己的航向和状态。你的心灵放松了，没有了以前的烦恼，没有了负重感和愧疚感，有的只是前进的动力和改变的习惯。

虽然仍然会不可避免出现一些问题，但是你已经有了足够的自信，足够的冷静，足够的清醒，对自己和他人有了足够的认识，也对自己的将来充满了信心，并清楚地知道自己要往哪里去。

在改变的过程中，当你揭开尘封的记忆，或许那些童年往事依然会让你感觉心情沉重，但是那些已经不能再伤害到你。作为你的家庭当中第一个做出改变的人，首先你摆脱了原生家庭的桎梏，并超越原生家庭，活出了一个全新的自我。仅凭这一点，你就非常了不起。如果你的内心变得足够强大，你就有了改变整个家庭的力量，你的能量会影响你的家人，使他们随着你与以往不同的行为方式而做出相应的改变，并跟着你一起成长。

在你变得越来越强大的道路上，终有一天，你会非常感谢现在努力改变的自己。

2. 抱抱自己那个内在小孩，你有疗愈自己的能力

如果在我们幼年的时候缺少些什么，那就让我们学着自己来弥补吧！

每个人的心里，都住着一个没有长大的孩子。

我们在童年的某个阶段因为一些需求没有被满足，没有被允许，或遭遇到一些不公的、粗暴的对待，或者是我们的情感和自尊受到无情的打击和伤害，都会给我们留下心理阴影。这时我们的身体虽然在继续长大，但是心理的、情感的、情绪的部分，却因为成长过程中这样的一些负面经验而停留在受到伤害的孩童时期，这就是我们的内在小孩。

因为创伤没有及时解决，事过境迁事情好像过去了，似乎对孩子也没有什么影响，但实际在孩子心里问题一直都在。只不过弱小的孩子为了自保，为了使自己的内心得到平衡，于是

把自己受伤破碎的那一部分深深藏在了心底，而潜意识里对世界，对他人，对自己和外界的关系的认知，已经因此发生了巨大的变化，有了自己对外界的特别的判断和认识。那个问题，则一直停留在那个时候，被掩盖。所以说，我们的内在小孩是一个渴望和需求没有被满足的孩子。

内在小孩的问题一般包括情绪上的压抑：由于无法表达而使自己的感受沉入潜意识，导致成年后出现焦虑、抑郁等心理问题；需求上的未被满足——因为自己的正常需求被抚养者忽视而没有得到满足，致使成年后对此种需要有匮乏感并疯狂追求；对自己的认知错误：父母对孩子的忽视和冷漠，或者孩子对父母的误读，导致孩子对自己产生不值得被爱、无价值感等错误认知。

只有很少一部分人因为父母自始至终的善待和爱，内在小孩一直健康而快乐。而大多数人的内在小孩都因为成长过程中父母的失误或错误的教养方式，或多或少带有一些创伤，甚至是严重的心理伤害。一个人性格里很脆弱的部分，往往就来自我们的内在小孩。当带着有创伤的内在小孩一点点长大，因为需求没有被满足而带来的不良情绪、情感被带到我们的成年，于是那个内在小孩随时会跳出来给我们制造问题和麻烦。内在小孩没有得到满足、没有得到解决的部分，会变成我们性格中不理性的成分，敏感、脆弱、自卑、憎恨、没有安全感等，影响和困扰着个体的身心健康、关系、情感、工作和生活。

可以说，我们生活中遇到的所有问题，几乎都是源于我们幼年的缺失，内在小孩在某个方面没有得到满足。你可能会在工作中没有自信，在感情中很不理性，在家庭里既不敢松懈，又觉得委屈。当你感到伤心、生气发脾气时，可能是触到了内在小孩的敏感神经；当你觉得失望、委屈和疲累时，可能是你所做的和你内心的真实声音相悖；当你害怕失去，经常讨好，不敢表达和拒绝时，可能是那个内在小孩用他错误的经验和体验阻止了你向前迈出的脚步。长大以后，你可能会因为对世界不正确的认知而使自己在社会上到处碰壁和受伤，从另一方面也可以说这是你的内在小孩在向你求援，渴望得到你的爱与关注。

荣格说："内在小孩是一切光之上的光，是治愈的引领者。"

真正的疗愈，是内在小孩的成长。

疗愈内在小孩，最重要的是要能"看见"。那个被伤害的脆弱的孩子停留在我们的内心深处，蜷缩在一个黑暗的角落里，等着我们去发现，去关注，他需要经常被看到，被听到。

要和我们的内在小孩对话，和我们自己对话，否则，你就无法知道自己最真实的想法和需要。只要内在小孩的问题得不到解决，他就会一直蹲在那个角落里哭泣，停止成长。而当我们能够看到自己内心深处那个受伤的小孩，就有了疗愈自己的能力。

疗愈我们的内在小孩，就是在弥补我们的童年创伤。内在的小孩不长大，我们就无法真正得到成长。只有我们的内在小孩被看到，情绪得到释放，需求得到满足，他才能和我们一起快乐健康地成长，我们才能有一个相对完整和成熟的人格，也才会感受到真正的快乐。

要从根本上解决问题，从心灵深处疗愈自己，就必须回到给自己带来创伤的那个年纪，去面对三四岁、六七岁时候的自己，去解决那个小孩子当时没有得到解决的问题，然后才能解开心里的疙瘩，并以一种重生的姿态回到现在，面对未来。

要解决内在小孩的问题，首要的是给那个幼小的孩子以爱。

生命的本质是爱，而表达爱最好也最常见的方式就是拥抱。你最初所欠缺的、让你感到受伤的，也许就是来自父母的拥抱，尤其是来自妈妈的拥抱。如果你的内心是匮乏的，来自原生家庭的童年创伤一直没有愈合，并且你想要依靠自己的力量去疗愈自己，那么，最有效的办法就是去抱抱那个内在小孩，抱抱那个童年的自己。

你这样做的时候，需要带着满满的爱与同情去面对你的那个内在小孩。因为那是最真实的你，那个幼时有着伤痛的你要由你自己去疗愈，你必须也一定会带着满满的诚意，真诚地去面对那个曾经的自己。你要抱着他，温柔地和他对话，告诉他：

"别怕，这不是你的错。你的妈妈（爸爸）这样对待你，不是因为你不够好，而是因为他们不知道怎么去爱你。他们有他们的局限性，他们曾经也是一个受伤的小孩。所以，你要原谅他们。但是，你一定要知道，你没有错，你可以继续做那个自由自在的小孩，也可以选择和我一起成长。你只要知道，你是值得被爱、值得被保护的。并且，我们都爱你，现在的我也有能力保护你。"

当你这样对他说的时候，你的内在小孩会被安慰，被理解，被接纳，你童年的创伤也会因此被慢慢抚平。

这个过程当中你也许会哭，也许有愤怒，也许有委屈。不管是什么情绪，你都可以尽情地发泄出来，你只要紧紧抱着你的内在小孩，给他温暖，让他知道他是被爱着的，永远都不会被抛弃。随着情绪的宣泄，你的内心会逐渐平静，不管你的内在小孩选择了再做一段时间无忧无虑的孩子，还是选择和你一起成长，都是在表里一致的前提下所做的选择，是你内心的真实想法。你的那个伤痛也会随着伤口的愈合而慢慢烟消云散。

每个成年人都要学会做自己的父母，去疗愈自己的内在小孩，给他全然的接纳和无条件的爱。虽然你的父母可能没有给到你足够的爱与保护，但是你可以按照自己理想中的父母的样子，去给予你心里住着的那个小孩子所需要的爱与关注，去照顾他，去和他发生连接，去抚平他的创伤。

你要明确的是，当年那个幼小的你的所有需求都是正当的，你并没有什么错，你只是个孩子。你和别的小朋友一样爱吃爱玩，会哭会笑，没有什么两样。只不过有些父母不太知道怎么爱自己的孩子，或因为生活压力，很多时候都用了一些不恰当的方式去管教自己的孩子，无形中给孩子带来了一些伤害。

但是现在你长大了，你可以通过自己的爱，去补偿童年曾经的缺失。今后你要带着爱去生活，在还没有遇到真正爱你的人之前，先学会爱自己，依靠自己去弥补童年时代缺失的爱。这些你自己都可以做到。

你要相信你值得你所需要的一切。如果你还不能够、不习惯、没有办法去求助别人或接受来自他人的关爱，那么至少要懂得去保护自己，爱自己。

甚至你对父母有一些负面的情绪也是正常的。你之所以觉得你有这些需要是羞耻的，是因为在童年时你的这些需要没有被满足。为了让自己能适应当时的生活环境和心理需要，幼小的你自己说服自己，让自己觉得有那样一些需要是不正常的，所以才形成了现在这种心理状态。

你可以对别人发怒，也可以不去理会别人，关起门来默默独处或疗伤。每个人都会有脆弱的时候，你有这些权利，不必在意别人会怎么看你。

当你依靠自己的力量使内心得到了滋养时，你的内在就会逐渐变得丰盈起来，就会与外界的爱慢慢融合，能够逐渐接受来自外界的善意，并且习惯于有越来越多的人来爱你。当然，关键的问题是，我们需要不断地去"看见"我们的内在小孩，去了解他的需要，去满足他，直到他能够完成整合，发展出自信、健康、阳光的特质，使你变成一个心理健康、心地坦然的人。

3. 你很累，是因为你不接受现实

人们的烦恼往往来自和这个世界的对抗。

"累"，可是说是现代人生活的一种常态，似乎每个人都在说"累"。年轻人为学习、工作压力所累，中年人为全家老小所累，就连上学的孩子也不比大人们轻松多少，他们是背负着全家人的期望在读书，就连大人看着他们都觉得累。

很多时候我们累得连一句话都不想说，只想一个人待在屋子里，不想和外界有任何联系。那是一种心理上的累。我们身体的累，很大程度上是由心理因素造成的，一旦心理上觉得累，不但什么也不想做，做任何工作也会觉得力不从心了。成年人如果解决了自己"累"的问题，可能孩子也就不会那么累了，因为很多时候孩子的累其实是父母给他们传递了过多的压力和焦虑造成的。

人们的烦恼往往来自和这个世界的对抗，首先是和自己的对抗

我们常常会说到"接纳"这个词。

那么当我们在说"接纳"的时候，到底是在说什么？

接纳不同于接受。接受是被动的，会给我们的内心带来压力，但接纳不一样。接纳是主动的，是迎纳，是发自内心的，是以欢欣的姿态看周围的一切，包括自己的一切。当然很多时候我们需要接受一些我们喜欢或不喜欢的东西，但是在接纳的心态下，这个接受就会容易得多，心情也会愉悦得多。

接纳通常来说可以分为三个不同的含义：接纳自己、接纳他人、接受现实。很多时候我们对外界、对他人的不接纳，其实是对我们自己的不接纳。我们心累的原因其实是不愿意接纳这个世界，不愿意接纳自己。

所谓接纳你自己，表达的是你要认同你的好和不好，优点和缺点；你要承认你的不完美，并从心里认为不完美是正常的，它是你的一部分，虽然不完美，但你依然是一个很好的你。

当你对自己是接纳的，你对这个世界就是包容的，对别人自然也是宽容的，就不会觉得别人身上有那么多刺眼的地方，会接纳他们身上不同的特质。

接纳的另一面是排斥，是不接受，是对现实的抗拒。

你总是对自己不满意，总觉得自己不够好，总是讨厌自己，觉得自己有问题，不能接受自己有任何的缺点、情绪等，这是你对自己的排斥。当你对自己有这些情绪时，你对外界、对他人，也是充满了挑剔和抱怨的，对现实是不满的，对这个世界是抵触的。

也就是说，潜意识里你在同整个世界对抗，你想要改变这一切。你觉得世界应该是另外一个样子，应该有另外一个标准。

当你的内心同全世界对抗又无法真的去改变世界时，就会产生了深深的无力感。因而觉得累是必然的。

只有当你接受了某种事物，才能控制它；而你极力否认的，你从内心抵触的，反而会控制你，因为它就在那里，而你不承认它的存在。

很多自卑的人很难接纳和欣赏现实中的自己，对自己的身材相貌有诸多不满，并且会因此非常不快乐。比如可能会觉得自己长得很一般，个子不高，身材不好，鼻子很塌，眼睛太小；又或者智商情商都不在线，性格自卑，能力不足。总之浑身上下全无可取之处，看自己哪里都不对，哪里都是缺陷。这是因为在成长的过程中你可能总是被贬低，总是不能得到认可和肯定，被看到的总是那些被放大的缺点和不足，而优点和成绩从来都是被忽略。于是天长日久就会形成这样的信念：任何事情只有做到最好、毫无瑕疵才可以，否则就没有人爱我，更没有人欣赏我。

这让他们以后在人生中总是对自己特别挑剔，以至于给自己带来很大压力，同时也因为这种完美的、并不存在的理想标准，使他们对周围的人、身边的事抱有很多不切实际的期待和幻想。当期待落空，觉得周围的人，身边的环境等无法与心里的那个标准相吻合，就会气愤、委屈，心里不舒服，进而以应付的心态去对待周围的人和事。

接纳，是解决问题的法宝

我们所看到外界让自己感到不舒服甚至是讨厌的地方，

正是自我厌弃的一面在别人身上的投射。所以要改变自己和外界的对抗状态，要让自己从内心真正轻松起来，首先要从接纳自己开始。

接纳自己的不完美才是对自己真正的爱。接纳自己可以从接纳自己的身体发肤开始。当一个人开始接纳自己并不完美的身体样貌，也就可以慢慢接受自己的情绪、能力、缺陷等其他的特质了，进而发现周围人的所谓问题和缺点也会越来越少，越来越能被你接受了。接纳自己的成功与失败、期待和需求，以及恐惧、焦虑等自我感觉不好的情绪和体验；接纳别人和自己的不同意见、不同习惯、不同想法等；接纳社会会有不公、事情会有不顺；其实是一种生活的智慧。

如果你在工作中遇到问题时感到焦虑和不安，如果你的生活遇到麻烦使你困惑或沮丧，如果你因为一些事情感到悲伤、难过、愤怒，如果你自身存在如胆小、害羞、内向等性格特点，你一定要知道这些都是正常的，没有什么不好，何况情绪和性格本身就没有好坏之分。

当你放过自己，全然地接受自己当下的状态，并相信万事万物都有多种可能性，不要期待凡事都只有一个答案，一个标准。这样你就会轻松很多，快乐很多。

正视你不接纳的部分，不完美的部分，不要抵触它。让你的心平静下来，情绪稳定下来，然后静静地看着你不接纳的部分。你能觉察，还可以分析，找出根源，然后就是成长和改变。这时候你再看这个世界就不会那么刺眼，你会从中发现越来越多美好的东西。

接纳也是爱的第一步，不管是爱自己，还是爱别人。如果你说爱一个人的时候，却对他有很多的抱怨和不满，觉得他身上都是缺点，想要改造他、纠正他，那不是爱。当然你可能会觉得你是恨铁不成钢，是为了他好。但是铁可以通过冶炼变成钢。爱一个人，就要对他全然接纳而不是只爱他的一部分。

当然，依照全然接纳的观点，当你想要改变自己，又确实暂时无法从心里全然接受自己现在的状态时，也不用纠结，你可以接纳你现在的"不接纳"，你不妨在心里这样告诉自己：我接受我此刻不愿意接纳的状态，当我想要接受的时候我再去接纳我的一切，以及周围我不能理解的一切。

如此，可以避免让自己走进强迫模式带来不必要的痛苦。因为当你可以接纳自己的"不接纳"的时候，心里就会放下那个"不接纳"。这样你的心就不会因此纠结受累，而是可以在此期间先自我成长，直到愿意接纳的那一天。

当我们能够真正看到自己，能够全然地接纳自己，能够接受内心那个最真实完整的自己时，我们看别人、看问题的角度和眼光就会不一样。我们更能接受他人的不完美，会更宽容大度，更能允许有不同于自己的意见存在而不会感到对方是坏的、不好的、针对自己的。

因为，那个在别人身上的投射已经消失不见，这时候你可以心绪平静地接受你所看到的一切，能够笑对外面的世界。于是你和外界的对抗没有了，你的生活自然就变得轻松起来。

4. 修复情绪创伤，需要找到自己的情绪按钮

管理情绪的前提，是首先满足情绪背后的需求。

情绪是一种能量，会通过各种形式表达出来。有情绪是正常的，只有失控的情绪对我们才是有伤害的，或是对我们不利的。

哈佛大学心理学教授丹尼尔·戈尔曼曾经说：情商，就是情绪管理的能力。

面对情绪，我们不能否认，不能逃避，不能压抑，只能去面对。否则，它会像埋在我们身体里的一颗地雷一样，随时会被点燃，以你意想不到的方式攻击你。所以我们要学着去管理自己的情绪，就像管理我们的时间、管理我们的团队一样。

找到引发你情绪的"按钮"，你就有了控制情绪的开关

我们的情绪常常来得很突然，一句话，一个动作，某个场景，都可能触发我们的情绪。这是因为我们在成长的过程中，幼年时某种需求没有被满足，对这种需要的渴求就一直留在我们的心底，尽管我们的身体逐渐长大、成熟，但是在情绪的成熟度上，依旧停留在孩子的状态里。当引起我们情绪的那个场景再次出现时，我们就会像当初此种情形下受到伤害的那个几岁的孩子一样，情绪再次爆发。

这种在原生家庭中形成的一些特定情境下会触发某种情绪的心理机制，叫作"情绪按钮"。

同样一件事、一句话，不同的人产生的情绪反应程度并不相同，甚至产生不同的情绪反应，这是因为每个人不同的成长经历形成了对同一事物或同类事件的不同认知体验。这种特定情境对于情绪的引发会持续存在于我们的生活中，让我们在某种情形下或大发雷霆，或伤心失望，或恐惧无助。这样就形成了一种因为长期坚持自幼形成的非理性信念而导致情绪产生

的现象。

举个例子：一个方案讨论，正常情况应该是大家首先确定主题，然后由一个人出方案。方案出来后如果有人提出异议，需要再讨论，这种情况下，安全感强的人和内心敏感的人的反应差别就出来了。

安全感较强的人开始遇到问题时，就会向伙伴或上司请教，做完方案后也会很自然地和大家一起讨论，告诉大家自己为什么这么做，然后选出或更改后得出最优方案。

敏感的人则会独自先去完成一个特别完整、自己相当满意的方案才敢拿出来，所以做的过程本身就很辛苦。一旦方案没有一次通过，就会觉得很难堪，会觉得被攻击，会觉得被批评了，当然也会觉得很委屈。因为他在原生家庭接受的就是这样的信念：做事情不可以问，问会被打击和嘲讽；只有做完才可以说话，而且要被权威者认可，不能有瑕疵，否则就会被打击。所以当自己辛苦劳动的成果被提出异议时，潜意识里马上出来的那种感受就是童年时期被打击的心理体验，感觉到的就是被攻击。

也就是说，情绪并非来自事情本身，而是主要来源于我们对事件的解读。每个人对同样事情的解读都是不一样的，所以人们的情绪按钮也千差万别。按照理性情绪行为疗法创始人、心理学大师埃利斯的说法：人们并不是被不利的事情搞得心烦意乱，而是被他们对这些事物的看法和观念搞得心烦意乱。

生命早期受原生家庭的影响，人们对同样一件事情的认知和解读是不一样的，从而在心里形成理性或非理性的信念。理性的信念会引起人们对事物适当、适度的情绪反应，比如悲哀、迷茫、遗憾、烦闷等较为健康的负面情绪。非理性的信念则会导致不适当的情绪和行为反应，比如抑郁、暴怒、焦虑、自憎等不健康的负面情绪。当人们长期坚持某些非理性的信念，总是处于不良的情绪状态中时，就会导致情绪障碍的产生。

一个人情绪越稳定、心理越成熟，他的情绪按钮就越少，越不明显；而情绪越不稳定，他的情绪按钮就越多，越容易被激发起激烈的情绪。这些情绪按钮，都是童年的创伤事件给自己深刻的负面感受造成的。创伤事件越多，情绪按钮也就越多，对情绪管理的难度就越大。

虽然我们总会有负面情绪产生，但不用太过紧张和害怕，不用担心自己有问题。情绪本身并没有好坏之分，我们的每一种情绪都承担着相应的功能。负面情绪的形成是一种本能的自我保护，任何一种情绪都是在帮助我们理解自己的内在需求。比如愤怒是在提醒我们拒绝或者远离伤害性体验；当我们快乐的时候，可以更容易与他人建立起安全的关系；悲伤的情绪提示我们的内在有些痛苦需要一个安全的出口去释放……情绪给我们带来破坏性，是因为我们没有满足情绪所传达出来的背后的需求，以及对情绪不恰当的管理方式。

所以从某种程度上说，情绪是在通过某种形式向外界传递一些我们内在的信息，或者说对我们是一种提醒，之所以有情绪的出现，是因为我们那些伤口还在。我们需要去发现那个情绪的触发点，抚平自己的伤口，帮助我们的内在小孩一起长大，从而使我们的情绪按钮因为被"看到"而消失。我们完全可以通过一些方法来有效地管理自己的情绪，使自己可以不会总在同一类事情上产生情绪，使我们的情绪按钮越来越少。

收回自己的权利，自己的情绪自己掌控

当我们因为外界的事物，因为他人的言行而使自己情绪爆发时，等于是让别人来掌控自己的情绪，把自己管理情绪的权利交到了别人手里。对一个情绪按钮比较多的人来说，可以通过调节情绪能量，使其转化为我们内在的生命力量，而不是任由情绪来折磨我们。

管理情绪不是压抑情绪，逃避痛苦，更不要企图去消灭情绪。所以不用着急去摆脱那个情绪。要尊重自己的感受，接纳它，正视它。如果说情绪管理是一门技术，那么标明情绪就是管理情绪的第一步，也是日常情绪管理的一个基本功。

管理情绪首先要学会用准确的词语去标明自己的情绪，看自己爆发的是哪种情绪。即你是愤怒了，还是伤心了，是苦闷还是内疚、焦虑？也就是说，你要明白出现的是什么样的情绪。你的情绪语言越丰富，你就越能准确、清晰地标明自己的情绪，这样就使情绪从潜意识的冲动反应进入由意识做主的理性回应。

你可以在遇到任何情绪问题时反复问自己：我现在是什么样的情绪？有什么样的感觉？从而快速了解你的情绪，情绪就不会那么容易成为你的应激反应，你也就不会轻易地被情绪带着走了。

在标明情绪后，你要跳出自己的情绪，以旁观者的姿态静静地看着它，和你的情绪安静地待上一会儿，仔细观察它，体会它，抚慰它，而不是任由它肆虐。你要尽力去看你的情绪是从哪里来的，为什么会出现这样的情绪，寻根探源去做理性的分析，从而更深层地了解自己。

当你能够冷静地面对和看待自己的情绪，不断检视自己

的情绪按钮，你就有能力去省察情绪背后的东西了。你的情绪想要表达的是什么？它的出现会给你带来什么？你是在防御什么？此时此刻你需要的是什么？可以用什么方法解决？等等。

比如，你是想要表达自己需要被尊重，被关注，还是想要得到来自亲人的保护？你发脾气的背后，其实是在告诉周围的人你曾经被怎样对待，又有着怎样的需求，只不过，你选择了一种让别人不太容易接受的方式；你对别人的评判敏感，是期待别人能无条件接纳你，因为你幼时总是被打击，这是你的痛处。

你可以通过冥想、回忆等方法，去探究这些情绪按钮在生命早期的形成原因，以及它背后真正的需求。这样从本源上对情绪进行探究，进而对情绪进行有效的管理。

当你看到了情绪背后的东西，陷在情绪中的你就会慢慢变得平静。当你不断对自己的某种情绪以及产生这种情绪的情形进行分析和发现，就会对产生这种情绪的场景有所警觉，从而逐渐减少再次面对这样的场景时产生情绪的可能，直至触发此类情绪的机制完全消失。

当你真实的需求不断被看到，情绪也就不再那么容易产生，因为你已经知道了你是怎么一回事。你的注意力会集中到引发情绪的那些原因上面。你会豁然开朗，进而想办法去满足自己情绪背后的需求，你的内在创伤就会慢慢得以修复，并重新建立与他人的关系，而非情绪的发泄。这时候你成了自己的心灵修复师，于是你的情绪就完全由你自己来掌控了，你也就把交到别人手里的权利收了回来。

从另一个角度来说，情绪的触发常常源自结果和自己预期的不一致。当一个人对任何事情都有标准答案时，得到的往往是失望，并因此触发情绪。不要对将要面对或正在面对的人和事抱有"应该怎样怎样"的预期，要在心理上允许一切可能的发生。当你在潜意识里允许有多种可能性，允许各种与你的想法有差异的存在，情绪就很难被触发了。

当我们常常拥抱自己的痛苦，和自己的情绪对话；当我们不断地去分析、发现，去了解自己的内在，并懂得依靠自己的力量去满足自己的内在时，就会放下评判和猜疑，不再把自己当成一个受害者，也不再绝对化和走极端，而是去了解对方的想法和感受，从更客观的角度去理性地看待人和事，这样我们就容易看到一个相对完整的事实。当看到事实本身，你会发现自己的很多烦恼其实是庸人自扰，于是你会由此释然，并获得心灵的自由。这样，问题得以更好、更快地解决，而不是纠缠在情绪里不能自拔。

通过这样的练习，你可以不断地去看到自己，了解自己，改变自己，而不是期望别人来了解我们，满足我们。你对自己的情绪了解越多，就越有可能用理性、成熟的表达方式去表达你的情绪，去建立你和周围世界的关系。你会用合适的语言让对方知道你的感受，并给予对方合理的反馈，于是你就有了一个和别人相处沟通的正确方式，而不是随意地发脾气或生闷气。

于是无形当中，你的心理空间变大了，可以承受的更多了，并且内心逐渐累积起更强大的力量。

你不再斤斤计较于周围的一些人、一些事，情绪化不再是你的代名词。因为你的情绪不再容易受外界的影响，而是学会了在情绪中去发现自己，也理解别人。

当他人的认同对你来说已经无足轻重，你也就不会再被没来由的恐惧和担忧所吓倒；当你希望被他人理解，你会懂得如何正确表达自己，并能想到先去理解对方，而不是抱怨对方不理解你；当你与别人发生意见冲突，你会知道站在对方的角度去看问题，甚至站在更多角度去全方位发现问题，寻找多种可能性；当你感到孤独无助，你不会再无视你的感受，而是有能力给予自己关怀；当你感到悲伤难过，你马上会有所觉察：我为什么会出现这样的情绪，我的真实需要是什么……

这时候，当你面对别人的喜怒无常、面对对方的激烈情绪时，你也可以知道，对方虽然表面看起来暴躁、任性、不可理喻，但是，你能看到他的内心是脆弱无助的，所以他才出现了这样一些情绪。而在亲密关系中，如果我们透过现象看本质，把无休止的争吵变为关注对方的内在，去了解对方深层的缺失，探究对方内在的真正需求，或者起码对对方表示一些理解，那么也许我们的亲密关系就不会有那么多的矛盾和问题，而是可以共同成长。

当我们的内在创伤得以修复，学会了如何有效地管理自己的情绪，慢慢就会习惯不那么失控地喷发过激的情绪，使自己的情绪越来越稳定，情绪按钮越来越不明显，从而保护好自己，也保护好关系，同时也使自己得到很好的疗愈。

情绪稳定，从容淡定，这是一个人成熟的标志。只要你愿意持续深入地去探索自己的内心，愿意努力摆脱给自己带来烦恼的思维方式，你最终会战胜自己创伤性的本能情绪反应，成为一个情绪管理的高手。

5. 爱自己，可以从一面镜子开始

不讨好，不压抑，爱自己是一切爱的开始。

如果你总是不能接受自己、认可自己，又总是郁郁寡欢，情绪处于低谷而不知如何去改善，那么你可以采用一些实用的方法来调整自己的心理状态和情绪。比如，爱自己，可以从一面镜子开始。

镜子在心理学上具有特殊的寓意，同时它对于改善我们的心境、调整我们的心情，也有一定作用。我在这里向大家介绍一个简单且有效的方法。

每天早上出门前在镜子前停留几分钟。不只是简单地照照镜子整理服饰妆容，而是利用镜子调整你的面部表情。情绪低落的你可能会表情沉郁、冷酷，这样心情不好的你走在大街上有可能无故招来一些事端，到了工作岗位也会影响自己的工作。

你可以对着镜子里的自己笑一笑，即使你觉得笑不出来也不要紧，你只需要牵动嘴角的肌肉向上扬，做出一个微笑的动作就好。这样对着镜子里的自己看一会儿，心情就会莫名好一些，至少不再那么灰暗。这样带着笑意出门，你一天的心情也会好很多。

当你每天这样做的时候，慢慢地你就会开始欣赏镜子里那个似乎变得越来越漂亮的自己，你的心情也会因此渐渐变得轻松，你嘴角的笑容也会由僵硬逐渐变得柔和，甚至你的整个面部表情都会显得灵动起来。实际上你的外表确实会因为心情的改变而变得更亲和，而你也因此有了自信，甚至眼睛里会放出光彩来。这样的你会更加招人喜欢，当然也包括你自己。你会随着你对镜子中那个人的认可而越来越爱自己。这样形成一种良性循环。

除了微笑，你还可以对着镜子里的自己说出你对她的爱与希望。带着这种爱与希望出门时，你做事情的时候就有了憧憬，工作起来也会更有动力。

下班回家你也可以对着镜子表达一下对镜子里那个辛苦一天的人的感谢，如果这一天发生了让你不开心的事，当然也少不了对着镜子里的自己表示歉意和安抚，并为第二天的打拼加油打气。

在早上出门之后、晚上回家之前，这一整天在外面打拼的时间，你都需要不断地提醒自己要如何克服你旧有的模式，去用一种全新的可能你还不熟悉的模式展现自己，避免做出可能让你受到伤害或会后悔的行为。

如果你的工作性质是坐办公室，你可以在办公桌上方便看到的地方贴上一些警示的纸条或卡片来随时对自己进行督促和警醒，甚至可以在家里那面对你很重要的镜子上贴上卡片，对自己特别需要改进的问题进行提醒，让自己一出门就能从身到心保持一个良好的状态。

我就曾经用"没有人会踢一只死狗！"这句话来提醒过自己，不要太在意周围人的眼光和评价。因为对于没有自我的人来说，他们的世界完全是由外界的评判所掌控的，这样会使他们陷在一个怪圈里无法朝前迈步，而当我们迈过了那道坎才知道，任何人都不可避免会被别人说三道四，除非他是一只死狗。这句话对那个时候还不太敢做自己的我来说犹如醍醐灌顶，对我心态的转变起到了非常大的作用。

这样的练习会使你的内心越来越有力量，你在做事情时才能做到心中有数，遇事不慌，表情坦然，情绪稳定；才能看起来眼神坚定，气场强大，人们也会越来越对你另眼相看。

如何爱自己？

我在写这篇文章的时候，突然很想吃东西。还没有到吃饭的时间，就是想吃一些小零食，刚好前几天有人送过来一堆吃的，米饼、千层脆、豆腐干、山楂卷、小煎饼、沙琪玛、金麦圈……真是不少。

小时候我家在"吃"方面的一些潜规则是，吃东西不允许要，更不能自己翻找，有没吃完的就不允许吃新的，等等。规矩很多，习惯于囤着食物。所以在"吃"上面似乎从来没被充分满足过。后来，在女儿小的时候给她买零食时，我也会跟着一块儿吃，满足一下幼年时的欠缺。

这次情况比较特殊。这么多零食我想吃哪个就打开哪个，没几天一大半都被我打开了，这完全不同于以前和父母在一起时的吃法。今天我突然很想吃沙琪玛，软软的那种。于是，我打开一包，发现口感不是很好，看看还有另外一个牌子的，光是看外包装就感觉很好吃的样子，所以很想再打开一包，但是又觉得自己太过分了。这时候差别就显露出来了。也许在很多人看来随便打开哪一包吃都是不需要考虑的事情，想吃就吃就好了。但是在我看来，同时打开那么多的零食袋已经很不像话，现在两种同样的食品又同时被打开，好像不是一个好的做法。

可是，为什么不呢？为什么要限制自己这小小的欲望呢？我并不妨碍谁，更不触犯什么法条，而只是为了满足我自己的口欲，我也可以想怎么吃就怎么吃，这有什么不对吗？当然没有。这样一想，我很坦然又有点小兴奋地拿出另外一包沙琪玛，就像是在背着妈妈做一件她不允许的事，心里还有一丝窃喜。因为我知道现在没有人会为这件事情指责我，也没有人能阻止我做这件事和阻止我这样做事了。

打开外包装，拿出一块，小心地撕开包装纸，咬在嘴里，软软糯糯，香香甜甜，正是我想要的味道……

这不是一个简单的物质满足的问题，也不是说毫无节制地大快朵颐就是好的，当然更不主张浪费，而是在吃的过程中心理上经历的一系列斗争和变化，是一个自己值不值得的问题。就像我们为自己买衣服、买化妆品，不是为了给自己花钱的物质的满足，而是在精心打扮的时候，看着镜子里那个美美的自己时，那份发自心底的喜爱和喜悦，而不像以前的我们仅仅是为了打扮给别人看。

爱自己，并不是要让你走极端，想怎样就怎样，想怎么挥霍就怎么挥霍。只是要告诉你不要忽视自己，不要觉得你不如别人，不要认为你不值得。

作为一个普通人，你虽然可能没有那么重要，但也并不是一点儿都不重要。作为一个人，任何美好的情感、物质你都值得拥有，只要你敢于去追求；任何远大的目标、高远的志向，你也都可以拥有，只要你足够努力。

真正的爱自己，是尊重自己的内心，不讨好别人，不压抑自己，不依靠委屈自己来讨全世界的欢心。

只有当你停止了向外界索取关爱和肯定，学会了自己爱自己，当你停止对自己的苛责和挑剔、无视和质疑，接纳你自己本来的样子，你对父母的抱怨和愤怒才会随之消失，并迎来你真正想要的属于自己的生活。

一个比较麻烦的问题是，当你学着爱自己，当你做出改变的时候，身边会有人看不惯，会有不满，会有攻击，会有远离，等等。而我们大多数人会比较在意别人的眼光，尤其是讨好型人格的人，他们从来都只活在别人的眼光里，这给他们本来就非常困难的成长之路增添了巨大的障碍。然而，我们必须认清一个事实，那就是不管我们做什么都会有人不满意，想让每个人都满意是不可能的。

所以太在意周围人的眼光于我们的人生没有任何意义。你的一切都和别人没有太大关系，做好你自己才是对自己最大的尊重。当你学着爱自己、尊重自己时你会发现，虽然有一部分人离开了你，但是另一部分人也正在向你走来，而他们是完全不同的两类人。

离开的是和你一样没有自我、不懂得爱自己、尊重自己的人，所以你的改变让他们不理解；正在走向你的，则带着欣赏的、尊重的目光看向你，他们被你吸引，于是你进入了和原来不同的圈子，你周围的人更具能量，更昂扬向上。而且，即使你身边那些原本对你的改变不太习惯的人，也会慢慢适应你的变化，会比以前更加尊重你，因为你尊重了自己。

把关注点从别人的身上收回，放在探索自己的需求和创造自己的生活上；把自己的日子过好，而不是忙着去迎合别人的眼光。这样你才能变成让你满意的自己。

只有学会爱，才能接收到爱。爱你周围的一切，更多美好的事物才会来到你身边。而爱自己是一切爱的开始。

6. 你怎样创造了你的疾病，
就能怎样让它离开

信念创造实相，真正的疗愈，是来自内在的力量。爱你的身体，让你的每一个细胞都听到你爱它们的声音。

我们人生所经历的一切，会以两种记忆方式留存在身体和大脑。一种是理性的脑接收到的、记住的、符合道德规范和标准的东西，比如我们做过的一些事、看到的一些风景等；另一种是被身体记录的、完全反应我们内在真实状况的东西，比如疾病，比如僵硬的躯体，这些是我们的内在情绪在身体上留下的印记。身体不会说谎，所以反映出的是我们最真实的情绪状态。

当你阅读这本书到这个章节，你已经知道真正影响我们身体健康的，是我们的内在。我们的内在信念决定了自己的身体状况将往哪个方向去。

生病是一种心理需要，而不仅仅是躯体问题

我们每个人小的时候在面对一些棘手问题时是不是都有过这样的想法：我现在能得一场病就好了……因为这样你就可以不用去面对你所遇到的问题和麻烦。于是你很可能就会真的出现一些躯体症状，得了某种疾病。

这种生病不是装病，而是潜意识为了让我们能够正常生存下去而给自己安排的获益方式。当我们身体的某些部位出现不适，是因为有某些没有被看见和被满足的需求、情绪聚积在那里，我们的潜意识只是本能地用自己的方式让你满足所需。这其实是潜意识在提醒我们曾经通过得这个病躲过了怎样的困难，而以后再遇到此类问题时，你很可能在意识不到的情况下再次启动这一机制。

这一潜意识行为在成人之后仍然会时不时出来发挥一下作用，成为一个人逃避现实的武器。

所以说，我们的身体除了要承受外部环境的影响，保证我们的身体健康之外，还要承受来自内在思想意识的压力，也就是受潜意识的影响。如果长期带着某种不良情绪，身体就要通过不断调整状态使自己不至于倒下。这一对身体状态的调整

就会作为躯体症状反应在我们的身体上。如果一个人在幼年时不断受到伤害，或者一直处于缺爱状态，那么这个人的身体发展就会出现异常，反过来，从一个人的身体状态也可以看出这个人的性格特点和曾经的成长经历。

近现代医学理论已经很普遍地认为，人类的一切生理机能都和人的潜意识有关。我们身体的每一个细胞都很清楚大脑这个人体总指挥部的所思所想，身体的任何不适和疾病也都来源于我们内在的信念。我们内在积压的悲伤、愤怒等负面情绪越多，身体就会越容易生病。

在中医理论中，情志更是和很多疾病相关联的一个因素。所谓情志，其实就是我们的心理、心情、情绪。每一种情绪，都对应着相应的脏器器官，所有的病症都和我们的情绪、行为模式、人生经历相关联。当我们的情绪和能量被阻塞，无法通过正常的渠道疏通，最后就会表现为身体疾病，就像女性朋友都知道，爱生气的人容易患乳腺增生。

因此，生病其实是一种心理需要，而不单纯是躯体的问题。

每个人都有自愈疾病的能力

人一旦生病，马上会想到打针、吃药。但是这样做的结果会导致身体的免疫力越来越低，身体也越来越弱。在解决身体疾病的时候，我们应该想办法去满足我们内心缺失的东西，而不是从表面上去治疗身体的某个部位。

我们的身体其实就像一个天然的小宇宙，精密而复杂，拥有一套特别科学的运行机制，有你难以想象的与生俱来的强大自愈和修复能力。早在2006年德国《生机》杂志刊登的一篇文章就指出，60%—70%的疾病都能自愈。而医生治病，很大程度上也是依靠激发和扶持机体的自愈力最终治好了我们的疾病。因而，真正使我们痊愈的，其实是我们自己。

一个人对疾病的看法，对待疾病的态度，比饮食更重要。我们要明白自己才是自己细胞的主人，身体是听从我们的潜意识支配的，无论身体发生什么状况，只要我们自己掌握生命的主动权，就可以引导身体的每一个细胞朝着好的方向发展。所以当疾病降临时，不要害怕和恐惧，要相信我们的身体自有办法。

在我六七岁的时候曾经发生过这样一件事。那时我刚上小学，有一次学校有文艺演出，我很想去看，但是脸上不知道为什么起了风疹，因此被奶奶阻止，说长了风疹不能出去，让我在屋里闷着。我没有办法，只好返回房间，百无聊赖地躺在床上，开始琢磨怎么让风疹早一点下去，不甘心错过演出。我随手扯了一块枕巾盖在脸上，一边感觉着脸上慢慢升起的热气，一边想象着风疹在一点点变小，直至消失不见。

为了真的能达到效果，我非常虔诚地想象风疹消失的过程，在想象中我还在风疹完全消失之后刻意延长了一点时间，以巩固效果。最后我确定脸上的风疹已经被我施"魔法"去除，倒计时慢慢扯下枕巾，小心地用手摸一摸脸，发现脸上的风疹果然完全不见了，就像变魔术一样。

于是我飞一般跑出去，被从外面刚进门的奶奶撞个正着，责怪我怎么又跑了出来。我很得意地对奶奶说：风疹好了，没有了。奶奶不相信地仔细看了看我的脸，很疑惑，一边嘟哝着：这么快就好了……一边很不放心地把我放了出去。

我一直觉得这件事很神奇，相信是自己通过特别的手段解决了皮肤上的问题。但是又本能地认为不能为外人道，因为这似乎不是一件平常的事，说出来可能没有人会相信。因此这就成了我一直藏在心里的秘密，却从来不曾忘记。从那以后，冥冥之中我似乎就在心里种下了这样一个信念，那就是我可以自己处理自己的身体，我想让它好它就能好。

现在我把这件事情拿出来和大家分享，作为一个自己能够掌控自己身体的示例。虽然现在看来也许并没什么大不了，但是在当时它的确让我感到自己似乎与众不同。也因为有了这样的经历，所以当我接触心身疾病、自我疗愈这样一些理论和理念时，马上就理解并相信了。

哈佛大学的一项实验证明：相信自己年轻，身体会真的变年轻。同样，相信你的身体会好起来，那么你的每一个细胞都会听到内心的召唤，会努力向好。

但是出于恐惧或其他一些原因，很多时候我们都放弃了自己的这一责任和能力而完全交给别人去处理，比如交给医生。我们总是针对躯体的症状，把治疗的希望寄托在现代化的医疗手段上，去消灭身体病变的部分，去消除身上的癌细胞。但那只是一种表面化的治疗，等于是给了我们的身体一个负面暗示，让它朝着你的理性所不希望看到的糟糕的方向发展。我们很少能在连通意识和潜意识方面下功夫。

爱你的身体，让每一个细胞都听到你爱它们的声音

同样的身体不适，有的人过两天就好，有的人越来越严重。同样的疾病，同样的身体条件，有的人早早出院，有的迁延不愈。除了自身身体状况有差异外，情绪心理在其中起着非常关键的作用。只有当我们能感觉到长期以来封锁在我们身体里被压抑的情绪，并将它们彻底释放出来的时候，我们才有可能摆脱自己的过去，疗愈自己的内心，从而也让疾病离开我们的身体。

所以，当疾病降临，当我们的身体出现不适时，我们可

以不用着急去看医生，而是试着对我们的疾病友善一点，去看到它，不要责怪它给你带来了痛苦。因为它不是主动、愿意来的，而是它不得不来告诉你一些事情，给你提供一些有关你身心的信息，提醒你某些方面应该注意了。我们可以先想一想自己的生活是不是哪里出了问题，是什么让自己有了情绪以致身体出现不适。

比如，我们可以问问自己："我的胃不舒服是在诉说什么？是哪个内在的'我'让自己得了痛风？脊椎和肩胛在向我发出什么样的诉求？甚至一个癌症患者也可以这样问问自己：什么力量让我身体里的癌细胞长大的？"

我们可以深入自己的内心，去挖掘那个能够愈合我们伤口的心灵力量。

我们疗愈自己的过程，就是与自己身体对话的过程。这个过程当然没有那么简单，但是你也不要那么轻易放弃。放松自己，就像做CT扫描一样去扫描你的身体，看见你的病痛，友好地对待你的疾病和不适，拥抱它，安抚它。你甚至可以向你的疾病、向你的癌细胞道个歉，因为你的不小心让它们受苦。然后你可以轻声地问问它想要告诉你什么。

当你与你的身体保持亲密，当你和你的疾病之间是用爱连接而不是厌恶，你就会比较容易通过你的疾病听到来自你内心深处的声音，你就能去理解它，就能真正尊重自己内在的想法而做回真实的自己，这时，身体就不会再通过这种破坏性的方式来表达自己的情绪。我们身体超强的自愈系统会调动身体各个组织生成各种激素来"配药""用药"。于是身体的淤堵被排除，整个身体组织重新开始流动，身体逐渐康复，疾病就此得到治愈。

事实上，疾病只不过是身体负能量的一种释放，每一种疾病都意味着有一个长期被忽略的内在情绪问题需要我们去疗愈。我们完全可以透过疾病，从身体角度去看到和了解那些曾经被我们忽视的、压抑的情绪，让真相进入我们的意识当中，看到我们的精神状况、情绪心理有怎样的问题，从而使疾病得到痊愈。人体神奇的自愈能力就由此产生。

当然，在疾病较为严重的时候，我们绝不能对自己的身体状况不以为意。只不过在我们把身体交给医生的同时，自己至少也要发挥一下主观能动作用，调动起自身的积极因素，试着依靠自己的力量来辅助疗愈自己的身体疾病。只有当我们能感觉到长期封锁在我们身体中的实相，有效地处理了我们内在的情绪时，才能真正摆脱过去对我们的影响，使心灵得到疗愈，也使身体的疾病好得更快一些。

与身体疾病对话的过程需要在心静的状态下进行。只有当你在面对病痛时能够心平气和，心怀感恩，才能听到自己内心的声音，才能找到带给你身体苦痛的深层原因。

如果你很真诚地告诉你的病变部位，告诉你的癌细胞，你已经解决了生活中遇到的问题和瓶颈，你感受到了生活的美好，已经不想像以前那样因为对生活失望而制造出它们了，并对它们以前的出现表示感谢。那么，也许病变真的就会自动消失了。

但是这些需要我们和疾病合作才能完成。如果你对你的疾病是不友好的、排斥的，你的情绪只有愤怒、悲伤和自怨自艾，就无法听到你的疾病想要告诉你的是什么，也就无法让你的疾病得到痊愈。

你是自己身体的创造者，你想要你的身体怎样，你的身体就会怎样。告诉你的身体，告诉你身体的每一个细胞：我相信你，我知道你很棒！我相信你可以让自己完全地恢复到健康的状态。

当你充分信任自己的身体时，你的身体就会还你一个意想不到的惊喜，创造出不可思议的奇迹。

7. 自我修复提升，怎样活成自己理想的样子？

尽情去尝试，你比你想象的优秀得多。

我们尝试去表达自己的观点，去展现自己的才能，去释放自己的能量，去表现自己的个性。但是这个自我提升的过程并不是那么容易。因为你已经形成了你特有的一种行为方式和面对事物的本能反应。因此在改变的过程中很有可能你会感到无助，感到茫然，感到无所适从，感到缺少力量。

比如，不管是在工作上还是生活中，如果我们有过这样一些童年创伤，在听到来自他人尤其是领导的批评意见时，就可能会担心别人对我们有看法，会觉得自己是不好的，甚至猜想自己可能要被解雇了，或者要被绝交了。我们会习惯性地在心里出现一些负面的心理暗示。这时候你要清楚，所有那些担心、害怕、可能的糟糕结局都只是你自己的想象。

是什么在限制我们的行动？

我们可以把这些自己想象出来的阻碍我们的负面的东西称作"限制性信念"。信念固然可以成就自己，但同时也能束缚自己。我们心中的任何信念都是由之前成长过程中的某一特定经验产生的。这个经验在我们的心中坚定了这样的事情应该这样做，那样的话不能说，等等诸如此类的规则和限制，形成了我们在潜意识里默认的这样一些信念。很多时候我们无法做出改变，是因为我们的限制性信念局限了自己。

这些信念一般都是在原生家庭中形成的，在长大以后周边环境发生了变化时就不再适用。如果我们在原生家庭中所接受的养育方式是开放的、灵活的、可变通的，我们就会很快适应外界的环境；如果我们原生家庭的规则是刻板的、僵化的，那么我们在新环境中就会对这种变化不自知，进而不适应，这就大大限制了我们的自由选择，给自己的生活带来很多困扰。

比较普遍的限制我们成长和发展的信念包括无助、无望、无价值感，这些都是非常具破坏性的。

无助，就是自认别人可以做到，但是自己肯定做不到。具有这种限制性信念的人对事情有很深的无力感，生活没有目标，不知道自己要什么；想得多，做得少，有受害者心理，一遇到阻碍就放弃，认定自己不行，难以主动尝试去解决问题。

无望，也就是绝望，对任何可能性不抱有希望。具有这种信念的人认为任何尝试都是没有可能的，或者即使尝试也是不可能成功的。他们不仅认为自己不可能，而且认为所有的人都不可能，为此哪怕很简单的事情他们也不再努力。

无价值，也就是潜意识里觉得自己没有用，当然也就没有资格。持有这种信念的人不敢主动追求，容易逃避成功，觉得所有好的东西都和自己没有关系，并且与他人的关系也会成为问题，因为他们害怕自己会成为别人的负担。

这几种限制性信念常常相互作用，影响着我们的行为，其结果就是我们没有勇气去尝试任何事，待在原地难以做出改变和进步。那些一生庸庸碌碌，一边羡慕别人成功，一边哀叹自己不幸的人，基本上身上都有这三种限制性信念。

与父母分离，是成长的必经之路

一个人情感问题、关系问题的出现，源自幼年在原生家庭当中主要和父母之间有问题的依恋关系。问题的本身在于父母对我们的控制和不允许，以及我们和父母之间的界限不清。在这样的环境里，自我的成长是非常受局限的，可能意识上有一定的认识，但是行为上因为惯性很难在旧有的环境里养成新的行为方式。究其原因，一个是外界的不习惯会给改变者带来一定难度，另一个是原生家庭这个熟悉的环境和与父母之间习惯性的互动模式会给改变者带来极大挑战。

只有离开原来那个造成我们问题的熟悉的环境，才有可能实现根本的改变，建立真正的自信。当我们在脱离开父母的环境里成长到具备一定的心理能量，真正成为一个相对强大的独立个体，真正融入社会，再站在父母面前时才能不被他们所影响，也不被周围的环境所影响，而继续保持一个完整的自我。如果你的能量再大一些，还可以反过来对父母产生影响，带动他们一起改变和成长。

所以这也是为什么我们说，恋爱婚姻是一个人成长的最好契机。因为这是一个与父母和原生家庭分离的最好时机，如果幸运的话，自己的另一半还会是你个人成长的带动者和疗愈者。即使不那么幸运，因为自己有问题的依恋关系，导致婚恋关系也出现问题，对个人来说同样是一个成长的机会。但是，单纯为了个人成长而与父母分离的则相对较少，原因是，没有自我的人一般不具备足够的能力和父母及原生家庭脱离，去主动融入社会。

不管是原生家庭还是成长过程中的环境给予我们的伤

害，都会捆住我们的手脚，使我们在今后的人生道路上无法实现突破。也因此，一个人要实现内在的根本转变，不离开原有的环境，便很难达成目标。

有时候你可能需要先"装"出一个理想中的样子来

当我们在做事情的时候，或者做完了一件事情的时候，总会有人给你一些建议、意见或评判，这可能会让你感到不舒服。但是你要区分你的不舒服是因为你个人的心理投射，还是你的确在这些方面有需要改进和成长的地方。如果别人的意见能促使你进步，那对你来说就是机会，而不能仅凭自己的想象去从负面解读他人的言论。

当然要在否定和质疑中保持自己还未建立稳固的自信有一定难度，但是你要确信别人是针对问题而不是针对你。这样即使有针对你的人身攻击，但是因为你对此不予回应，不予配合，而是虚心接受意见，只把注意力集中在问题解决上，反而会凸显出你的自信与从容，这是需要相当高的自信力的。而这种超级自信的表现，也会让人对你刮目相看，从而吸引更多高水平的人来到你身边。这也是吸引力法则的具体体现。

如果你觉得自己不具备这种自信，那么，强作镇定，保持一种表面上的自信和大度也是有效果的。当你咬着牙撑过去，你会发现自己真的可以，而且事后你会很有成就感，多几次这样的锻炼之后，你的内心也就随之具备了更强大的力量。

其他方面也是如此。当你想成为一个什么样子的人时，可能内心不够自信，不够坚定，觉得自己差得很远，没有关系，你可以先做出那个你理想中的样子来。在做改变时，有时候"装"也是必要的。

按照你理想的，你喜欢的和你希望的样子"装"下去，不要觉得很假，因为那本来就是你想要的样子，在你的心里那是真的。多"装"几次，"装"成习惯，慢慢地，你的梦想就成真了，你就真的变成了理想中的模样。因为你的内心会随着你装出来的外在不断提升，为了成为自己想要的样子，你会产生动力去推着自己朝着理想的状态努力。

如果你还是不知道从何做起，那么你要先搞清楚你是谁，你要往哪里去

童年创伤的一个典型问题就是做事情都是为了做给别人看，为了得到他人的认可，满足他人的期待，为了得到爱。孩童时为了得到父母的肯定，上学时为了得到老师的表扬，进入社会后为了得到领导的认可和周围人的好评。所以他们没有自我，不知道人可以按照自己的意愿去做事，完全可以因为想做而做，而不是为了别人的赞美和需要。他们一直不断地向别人证明自己，却不知道他们其实不需要向任何人证明他们是谁，只要他们存在就是有价值的。

相反，当他们证明自己时，就会显得不自然，因为他们没有自信。事实上，只需要放开做自己、展现自己就好。当一个人由内而外地展现真实的自己时，才是最美的，也是最吸引人的。

如果你还是找不到你自己，不知道要怎样使自己成长，那么，静下心来问问自己到底想要什么，最终想要过怎样的生活。你人生的最终愿望，将是你找到自己的那扇门。

然后你再问问自己可以做什么，能够做什么。有目标，还需要设法去实现，你需要有一些现实的可以实现的目标才行。有了这些，你才有资本朝着你的目标努力，才能去争取你想要的。

除此之外，你还要想一想你正在做什么。你正在做的事是不是朝向你的人生目标？如果没有，你要考虑你为什么要做

这件事，这件事对你来说意味着什么？要考虑是不是该调整或调转方向，在什么时候、用什么样的方式调转方向。想好后接下来就是你应该做的事了。

朝着你的人生目标走需要哪些资源？要做哪些改变和提升才能具备往那个方向走的实力？实际上，你的准备、你的学习、改变和提升，都是在朝着那个方向走。忙、没有时间、不适合，都是你不行动的借口。唯有行动，才能让你离你的目标越来越近。

如何清除限制性信念？

你可以有想法，可以提要求，可以想怎样就怎样，当然最重要的是按照自己理想的样子去塑造自己。

在这个过程中你需要找到自己身上的那些限制性信念，从根本上清除那些阻碍你成长的因素。下面几个方法可以作为参考：

（一）明确是哪一种信念在限制你的行为，然后去感受它，充分感受这种信念带给你的情绪。

（三）从情绪中跳出来，用自己成年的智慧告诉过去的自己，那些影响你做出判断和决定的只是你的信念，而非事实。或者说，你之前的那个信念只适合在你的原生家庭当中使用，当你脱离开那个环境，它便不再适宜。

（三）用一个新的积极的信念去代替旧的、阻碍自己的那个限制性信念。判断是否是积极正向的信念的方法是：这个新的信念是否让你感到身体和情绪不再压抑，而且充满了力量。

（四）在新的信念召唤下采取行动。不要害怕，不用担心不熟悉的新的东西。最初可能会有不适应，但是只要你确信新的信念是正确的，就可以在它的指引下往前走。只不过离开原来的心理舒适区会有一个心理震动的过程，只要坚持下去就好，回过头来你会发现你已经不再是原来的你，你的生活也将随之发生巨大的变化。

当你不断地这样去做改变，经历了最初的忐忑不安、担心和紧张、压力和恐惧之后，你就会渐渐适应这种积极的思维方式和应对方式，而不再自己吓唬自己。然后你会发现，你不但没有被嘲笑，反而赢得了赞赏。于是你真的慢慢变得越来越自信，你会发现原来你是可以的，并且是如此与众不同，你为自己的独特性感到骄傲，而不是担心。这种改变让你觉得世界是如此美好。于是你更加自信，进而带来更好的表现，形成良性循环。

这样一次次练习，你就会习惯用一种新的对人对事的方式和态度，你的心境就和原来完全不一样了。

这种学习和练习需要时间，需要不断地重复，直到成为习惯。当然在需要帮助的时候，你也可以寻求他人的帮助，在别人的眼里，你一样值得他人伸出援手。

只有当学习成为一种习惯，改变才能成为必然。很多人在做出改变的时候不能耐心等待，想要马上看到结果，看到答案。这种心态不是真正学习的态度，是很难从根本上有所改变的。效果是在不知不觉中显现出来的，你需要长时间地坚持和不断尝试，坚持下去才能知道你已经发生了怎样的变化。

相信自己，尝试去做任何你想做的事，你会发现，原来你也可以掌握这么多的本领，做这么多的事！原来你远比自己想象的要优秀！

只要你想，就没有什么不可能。

甚至你的原生家庭也会因为你的改变而发生变化。那个在家里一直被控制的孩子，因为自己的努力成长而最终成为自己，不仅得到了父母的尊重和认同，还与父母之间形成了一种新的健康的关系模式，也从而使你们之间的关系真正走向亲密。

这一切，全都来自你的改变和成长。

第

章

与原生家庭和解

——与父母的和解是真正走向成熟的标志

　　每一个人都在自己的原生家庭中长大，因而本身自带着这个家庭给予的能量。虽然我们的原生家庭可能给我们带来过一些伤害，但是当我们真正做出改变，真正与父母和解时，我们才真正走向了成熟。

1. 换个角度看爸妈——他们也曾是一个受伤的小孩

每个父母都曾是那个受伤的小孩。

对于父母，我们似乎有着太多的抱怨和不满。小时候父母用各种难听的或不中听的话给我们各种明示、暗示，给我们贴上各种各样的标签，使我们成为"那样"的人；长大后因为我们对自己"那样"的心理认同，别人就会按照我们自己认为的那样来对待我们，让我们遭遇各种坎坷和不爽。于是，我们把责怪的目光投向了父母。

曾经豆瓣上有个十万多成员的"父母皆祸害"讨论小组异常活跃，里面多是80后吐槽自己50后的父母对自己的精神控制、人生绑架等。单从这个小组的名字就可以看出，这些为人子女者对自己满满控制欲的父母有着多大的情绪和不满。父母对孩子的控制、威胁、指责、冷漠、忽视、打骂，似罄竹难书，多得说不完。很多人虽然从年龄上看已经长大了，成年了，甚至结婚生子了，但是却依然困在原生家庭里走不出来。他们缺乏安全感，找不到个人价值，无法自我认同，甚至和父母在一起时依然备受煎熬，或针锋相对，无法和解。

幼时的伤害如此深刻地印在我们的潜意识里，影响着我们的生活，在创伤未被处理时，即使到了四五十岁，当我们面对已经年老的父母时，对童年曾经有形无形的伤害仍然难以释怀，父母的一些言语、神情、行为，依然能在一瞬间刺痛我们，更何况那些对父母满腹怨恨又刚刚脱离父母独立出来的年轻人。

其实，"父母皆祸害"并非年轻人对自己父母的一种攻击性说法，而是出自英国作家尼克·霍恩比的长篇小说《自杀俱乐部》里的一句话，反映的是父母对待子女的不当方式对子女造成的肉体和精神伤害。当他们既"痛恨"自己的父母，一举一动却又带着父母的痕迹摆脱不掉时；当他们走上社会、遇到各种各样的关系问题而无解时，就会对父母的怨恨更深一层。因而，我们和父母的关系会随着我们的长大而成为一个不能忽视的问题。又因为这一切的过错看起来都源于父母，所以父母似乎真的很难被原谅。

然而，原生家庭是本源，是我们的根。只有处理好我们和我们的来处之间的关系，生命才能真正地丰盈，因为那是我们的滋养之地。我们的所有关系模式和问题都可以追溯到原生家庭中我们与父母之间的关系。所以想要把夫妻、同事、领导、客户乃至陌生人等各种关系捋顺，想要在人生的道路上走得更平坦、更幸福，就要首先解决我们和父母之间的关系问题，实现自己与原生家庭的和解，使我们和原生家庭，和父母之间的关系达到一种自然、和谐的亲密状态。

什么时候我们与自己父母的关系融洽了，其他的一切关系问题就都迎刃而解了。

对父母的抱怨可以体现在生活的方方面面。因为家庭教育本身就是父母在生活细节上的言行对子女的影响，所以童年伤害也就从这些随时随地的生活细节而来。但是恰恰是这些抱怨，也说明了父母是怎样在日复一日并不容易的岁月里为我们付出着。尽管他们的方式可能不太正确，心态可能不是很好，可能总是会不耐烦，甚至在面对自己的孩子时都会显得那么自私。

但是那又怎样呢？对于家庭以外的人，父母以外的人，假如我们的同学、同事、朋友，甚至陌生人伤害了我们，我们都可以很快地原谅，但是却独独不肯原谅自己的父母。因为他们对我们不够温和，因为他们不懂得爱，因为他们竟然那么无知，都不知道怎么喂养自己的孩子对孩子更有利……但是这并不是我们不原谅他们的理由，相反，这恰恰是他们的悲哀。

我们忘记了，父母其实也只是一个普普通通的人，有着各种各样的缺陷和不足。不管他们如何控制、如何霸道、如何野蛮，他们的出发点都只有一个，就是希望我们将来能好好生活，担心我们不照着他们期待的样子做，以后会无路可走。因为他们就是那样过来的，那是他们的经验。

这种种缺陷和不足并非他们所愿，只是因为他们也都各自有自己的原生家庭。他们对于孩子的不健康的爱，并非因为他们想那样，而是本能驱使他们那样去做，他们想不到还可以有另外的方式和孩子互动，不同于他们小时候与自己父母间的互动。

如果你觉得他们有些不可理喻，那是因为他们很可能经历过某些创伤；如果你感觉他们似乎没有那么爱你，那是因为他们没有足够的心理营养去哺育你，他们的童年可能得到的爱的滋养和你比起来更少得可怜，他们没有习得正确的爱的方式，所以他们无法付出爱，或者无法正确地付出爱。

幼时所得到的爱有多匮乏，成年后付出爱就有多困难；幼时从未习得如何爱，成为父母后也就难以用正确的姿势去爱自己的孩子。他们爱的能力不足，或压根儿就不具备，在面对自己的孩子时，即使有天然的对孩子的爱和保护欲望，却不一定知道怎样去正确地爱。

他们接受的就是这样一种打压式的教育方式，所以他们对自己的子女也一样重复这样的方式。他们那时候的科技没有现在这样发达，信息也没有现在这样畅通，所以他们绝大多数难以获得现在看来是常识、以前可能很前沿的生活技能和知识。甚至他们都无法像我们这样，可以知道自己受了原生家庭的伤，发现自己是有一些问题的，进而自己学着去成长。

他们甚至根本就不敢想象可以去质疑自己的父母。他们不敢光明正大地去爱自己，因为在他们看来，那是自私的，是不道德的，他们在潜意识里就认为自己是不值得的，就像曾经的你一样。而你已经醒悟，他们却没有，因为没有人去为他们治愈。

所以，即使到现在，他们的内心依然是那个有着童年创伤的小孩，只要创伤的问题没有解决，他们所表现出来的，就必然是那个小孩子任性的样子，就像他们对你表现出来的那样，随时可能发火，还会因为你的不服从而哭泣或吵闹。

所以我们不妨换一个角度看爸妈，虽然他们现在已经年老，但是他们却和你一样曾经是一个生活在父母阴影下的小男孩和小女孩。甚至可能他们的那个内在小孩比你想象的还要小。

当你真正看到了父母的那个内在小孩，并且真的拿父母当小孩子来看待的时候，你就会发现，你的父母也是在某个成长阶段，被某些东西卡住了，他们进入困境当中没有走出来，所以必然有他们的局限性。他们虽然是你的父母，但是内心的成熟度并不如你想象的那样，在很多问题上可能真的不是你心目中的英雄。

当你把他们当小孩子的时候，当你看到了更真实的父母，看到了父母内在的那个小孩，面对他们的很多错误观念、理念、不理性行为等，可能你的反应就会大不一样。因为他们是小孩子，你不会对一个小孩子的无知大发雷霆，而只会充满怜爱地对着他们微笑，或者去引导他们。

当然，你可能会觉得妈妈从来没有在我小时候这么耐心地对待过我，凭什么我要像对待一个真正的小孩那样去对待她？

小的时候虽然有时父母没有满足我们，虽然我们在原生家庭中受到过一些伤害，内心有一些匮乏和不安，但是在我们长大后，如果一直以一种受害者的心态面对父母，总是生活在对父母的抱怨和批判中，我们的生活注定不会幸福。因为如果我们只是活在痛苦甚至仇恨里，我们与父母之间也就只能是互相伤害。这对一个人的一生来说都将是一场无休止的灾难。

假如你还指望已经年迈的父母去变成你心目中的合格父母，那恐怕要失望了。因为过去的已无法弥补，现在的你心理年龄要比父母更成熟，并且更容易做出改变和成长。你只能把改变的责任扛在自己肩上，通过自己的改变去影响父母，带着他们往前走，而不要试图去改变可能早已思维固化的父母。期待父母自己能认识到"错误"主动做出改变，只能是不切实际的幻想。试想，一个孩子能带出怎样的孩子呢？他们只是在自己的能力范围内，竭尽所能地用自己的逻辑和方式去给你他们的爱。

而现在，你通过自己的努力，不断做出改变和成长，那些脆弱、无助、依赖与恐惧渐渐离你远去，你变得自尊、有爱、被认可，也更开放。你已经成长了很多，最重要的是，你学会了自己爱自己，自己满足自己，自己保护自己，而不需要通过外界的给予和认可来让自己获得安全感。而我们的父母却没有这样的机会去抚平自己的创伤，没有机会去消化自己童年所受原生家庭的不良影响。

所以，比起你的父母，你要幸运得多。

那么，面对自己的父母，你还要一直抱怨下去吗？你还觉得你的父母是不可原谅的吗？你是否已经可以坦然地、心甘情愿地接受你的母亲、父亲、你的原生家庭？就像原谅和接受我们自己一样？

2. 聆听家族往事、重新看待自己的原生家庭

成长是一个无限循环，爱其实一直都在。

如果你认认真真看了前面章节的内容，可能已经在一定程度上对自己有了些许的了解和治愈，这样你就有了理解你的父母、你的家族的能力基础。你需要做的是，从你的童年阴影里走出来，在新的认知基础上与你的原生家庭建立新的连接。

心理学数据显示，80％的儿童问题缘于父母，而父母的问题，又有80％缘于父母的父母。如果你能想到你的父亲母亲也曾经是他们各自原生家庭里的一个小男孩、小女孩，他们的命运也是他们的父母、他们的原生家庭、他们的那个家族带来的，也许你就能对你的父母多一些理解的成分。

这样一代一代向上推，我们对父母的怨恨似乎就显得有点霸道，否则他们是不是更应该去怨恨他们的父母？而事实上，我们的父母甚至都意识不到其实他们的内心是有创伤的。这种童年伤害循环往复，没有尽头，所以这样的抱怨也没

有任何意义。毕竟在命运面前，我们每个人都很渺小，谁也无法改变自己的过去。

我们能做的只有通过学习和成长去超越我们的父母，当我们到了他们那个位置可以比他们做得稍微好一些。我们可以自己想办法去和自己的父母和解，去和原生家庭和解，去改变自己的未来。

当你了解了你的原生家庭规则，并上溯到家族几代的来龙去脉，你就能知道你的原生家庭为什么是这样的，你的父母为什么是这样的，你又为什么是这样的。我们要学着去理解自己，理解自己和原生家庭的关系，这样我们可能会比以前更理解父母，进而实现与他们的真正和解，也避免以后自己的孩子重蹈复辙。

你可以安静下来去听一听父母小时候的故事，家族的故事，其实做到这些并不难。以前的孩子也许是没有外界太多现代化的玩具和设备吸引，在家由老人带着有一个非常好的活动是，家里老人会经常给孩子讲一些前尘往事，家族的发展史、家中长辈的前世今生。这其实是一种传承，孩子也因此知道自己从哪里来，在做什么，因而不那么容易丢失自己，也会更容易理解家人，理解父母。当然这里有父母的问题，他们是否会给自己的孩子讲一些关于自己原生家庭的事情。

现在人们很少讲以前的事，都在匆匆忙忙为了生活往前奔，但是却不知道挣钱的目的是什么，生活的目标在哪里。即使老人带孩子，也不再讲那些家族历史，人们都忙着自己手里的事，不管是老人孩子都人手一部手机，各人玩着各人的游戏，互相之间的交流沟通成了一件需要刻意去做的事，而不是自然而然的生活日常。

如果你小时候错过了听父母讲往事的时机，现在你可以转变一下心态，主动要求父母讲给你听。父母年老的时候其实是愿意给子女讲一些前尘往事的，只是他们会担心没有人愿意听。这样的讲述，会让你和父母之间的沟壑比较容易被填平，有利于你们之间建立起新的关系。

如果你是年轻的父母或正准备做父母，也需要有这样一个意识，可以给孩子讲一些关于自己的成长故事，这有利于子女建构自己和这个家庭的情感联结，有利于你们真正成为彼此最亲的人，成为彼此生命中最重要的人。

当然最重要的还是个人的成长。当你的内心足够强大，当你已经不是离开家时那个很容易被父母伤到的脆弱的孩子，当你以崭新的面貌重新站在父母的面前，你的父母也就不再是原来的父母，他们对你的态度会因你和以往的不同而有所改变，也就是说，你会用你的行动赢得他们的尊重。这就是你对他们的影响。

所以当你做出改变后，你改变的不只是你自己，你还在带动全家做出改变，你早已不是原来那个你了。

事实上现在的孩子比他们的长辈更有自信，更有爱心，更有责任心，更有眼光，也更聪明。因为他们从父母那里得到了更多的爱与满足，相对来说内心比他们的父母要富足得多。那个"父母皆祸害"的说法主要流行于80后群体，是因为80后正好是中国家庭亲子模式从传统的绝对控制走向现在更多讲爱的过程中处于转折和觉醒的那一代。他们是中国第一批独生子女，他们年幼时，是在所谓"421"模式中处于中心位置被父母两家两辈六个人来宠爱的，因而被认为是可能被毁掉的一代。事实上他们只是比他们的前辈得到的爱与自由稍多一些，在这方面没有那么匮乏且有一定的自我意识，所以他们才敢于表达，敢于呐喊，敢于争取自己的权益。他们其实是幸运的。只是可能被控制这一点并不因为父母的爱而有所减轻。

相比之下，完全按照长辈的潜在期望生活的六七十年代的人固守在被控制的传统意识当中很难觉察到这一点，因此他们可能更敏感、自卑、脆弱，只能借着潜意识本能地传达出一些负面的或狭隘的思想意识，根本无力对自己的长辈提出异议。而现在那些80后、90后们的子女们则因为父母更有爱的能力和自信心，以及具备更多科学的育儿知识，使他们看起来更自尊、更聪慧、思想更开放、也更宽容，因为他们不缺少爱。

那么当我们说"父母皆祸害"的时候是否应该想一想，我们的父母都经历过些什么，他们那一代人都经历过些什么。他们之所以没有给到，那是因为他们真的没有得到过。

其实整个人类社会发展史就是一部受创伤和修复创伤的历史。作为家庭和个人，谁的身上能没有一点原生家庭的伤呢？所谓的童年创伤，更多的是一场源于爱的误会。当我们年幼时父母如果不能给到我们足够的爱和安全感，这对于弱小无助的我们来说体会到的就是被遗弃，甚至是对生命的威胁。这样的伤害使我们完全感觉不到来自父母的爱。但是这并不说明父母的爱就不存在，它只是被那么多的伤害蒙蔽住了。生活中除了极少数可以用"坏"来形容的父母，不完美的父母是必然。当我们停止了向外索取，学着自己去疗愈自己，自己去弥补自己那些曾经的缺失，这时候，我们对父母的苛责和愤怒就停止了，就消失了。当怨恨消失，被覆盖的亲子间天然的爱就涌现出来了。

成长很辛苦，甚至可以说有时候会有些惨烈。但是不管怎样，我们都终将与自己和解，也终将与自己的父母、与自己的原生家庭和解。只有当我们把自己生命的责任扛在自己肩上，用爱和包容去对待自己的父母时，快乐和幸福才会来到我们身边。

3. 做妈妈的妈妈，你也可以为父母治愈

母亲是命运的制造者。与原生家庭和解，很大程度是与母亲的和解。

因为妈妈和孩子特殊的共生关系，使得很多时候父亲在家庭中对孩子的影响成为背景，而孩子和母亲之间的关系较之孩子和家庭其他抚养者之间的关系更紧密，影响也更深远。因而，与原生家庭的和解，在很大程度上是与母亲的和解。

母亲总被宣扬成无私、纯洁、伟大的化身。然而，并不是每一个母亲都天生具备无私、伟大的母爱，有很多母亲对子女是不具备爱的能力的。他们和子女能发展出一段怎样的关系，取决于她们自己的成长经历和环境。

健康的母爱可以带给孩子良好的依恋关系，并使人生的情感之路相对平坦，亲密关系相对融洽；而创伤性的母子（女）关系则会给一个人的一生带来不良影响，尤其会使其自信心和自我价值受到损害，并影响到与其他人的相处模式。如果母亲本身在幼年时就没有得到足够的关爱，甚至有着严重的童年创伤，她就很难和自己的子女建立一种健康的母子（女）关系。她会制造出和自己当年一样的创伤性成长环境，以同样的或变异的方式将伤害传递给后代。她们的亲子双方也必然是相爱相杀，充满怨恨、伤害和情感控制。

母亲可以决定我们今后的人际关系，我们在和别人相处

时出现的很多问题，都是幼年和母亲的互动关系中留下的后遗症。打个比方，一个男孩的妈妈如果性格太强势，这个男孩很容易成为一个懦弱的人。而他在成年以后找女朋友时，又会不自觉地去找他所熟悉的像妈妈一样强势的女人，这样他的内心才会有安全感。而他后期和妻子之间的矛盾和问题，则很可能是他和母亲之间的问题，他的妻子只不过当了替罪羊。

所以，心理咨询专家曾奇峰有这样的观点：母亲是命运的制造者。

因为上述种种，所以才需要我们去改变。因为你和母亲出生在不同的年代，你比她聪明，你能获得更好的资源，能接收更多的信息，能有更多的途径去认识自己，了解自己，改变自己。

假如你已为人母，更应该知道母亲对孩子意味着什么，原生家庭对孩子意味着什么。你只能努力改变自己，尽自己的最大能力为孩子提供更高质量的成长环境。否则，你只会在抱怨中成为曾经讨厌的自己妈妈的样子。

母亲也是一个有童年创伤的小女孩

说一说我的母亲。前面说过，我母亲性格不太好，在家里很难用平和的语气说话，基本都是吼的，谈不上真正的沟通。因此家里气氛总是很沉闷，我对母亲一向敬而远之，因为不想给自己找麻烦。成年以后生活工作上遇到问题，我也会把一些原因归结到母亲头上，抱怨她很多不当的亲子方式。

但是那时我会自然而然去分析：情绪是怎么出来的，问题的源头在哪里，为什么会出现这些问题，等等。这基本等同于后来学习的情感咨询课程中对自我的觉察，似乎冥冥之中从那时起我就已经开始在做这些工作。我似乎很自然地知道，母亲之所以是这样的，肯定有她的原因，就像我有一些这样那样的问题，是因为有这样一个母亲和这样一个原生家庭。

后来在母亲年龄稍长之后少有的一两次闲聊中，她也吐露过自己小时候的一些陈年往事，让她现在想来仍然感到愤怒和委屈。她有一个情绪不稳的母亲，并且幼年生活在一个旧式一言堂的传统大家庭中，因为受家族歧视，吃饭只能兄妹几个和母亲一起蹲在小厨房里不能上桌。不成熟的母亲并不能很好地保护他们，相反会让自己的孩子感到更大的压力和恐惧，因而日子过得心惊胆战。所以我相信她一定是经历过很多我无法想象的磨难，只不过我不知道而已。但是我至少知道了她有一个不堪回首的过往，有一些郁积的东西在心里，所以她无法给到她的孩子更多。

不过那时我除了可以给她一些理解，对自己有一些觉察，在没有足够成长的情况下，依自己的能力并不能真正在心里接纳她，因为我还无法完全脱离开她的影响在她面前做我自己，我只能消极地躲避，以求自保。事实上我们前面讲过，这也是一种成长的需要。

随着我在婚姻家庭咨询方面工作的深入和个人的快速成长，我和母亲之间的交流逐渐多了起来。我可以很自然地和她聊天，说一些家长里短，也不再因为母亲的一些言行产生过敏反应。母亲受此影响，说话时语气也逐渐变得平和，家里的气氛开始变得轻松起来。

之所以有这样的沟通效果，是因为我知道母亲只是没有学会爱。她不知道自己是谁，找不到存在的意义，不知道自己该做什么，要怎么做，所有的事情都是在做给别人看，在求得别人的认可。她只有一颗敏感、脆弱、小小的盛不下任何一点微词的心，潜意识里是一个很担心会给大人带来麻烦和负担的小孩。

这样的她对自己的孩子自然难以付出健康的爱，她在自己的小家里因为有了话语权，也必然会表现得任性、独断，不允许任何人对她的话有异议。

但是我能明显感觉到她在幼年时的那种极度不安全感，那是一个只有几岁的小女孩所承受的在那个年龄不应该承受的世事艰难和人间冷暖。那么，我们难道还要去怪罪她没有把爱给到自己的孩子吗？她自己内心的缺失又应该由谁来补偿呢？她自己是做不到的，只有不断成长的子女有可能帮到她。当然前提是，子女的内心已经足够强大，否则所谓的帮助只能变成一场吵架。

所以，我们只有不断地使自己成长，争取让自己具备这种能力，不仅实现与妈妈的和解，而且让亲子双方共同成长。

做妈妈的妈妈，弥补父母童年的缺失

现在我的父母都已经七十多岁，为了不让他们感到被时代抛下，我很早就教会了他们使用电脑，后来又给他们换了智能手机，像哄小孩那样夸奖着，鼓励着，手把手教会了他们使用手机打字、发视频等功能。这是他们心里羡慕，却不敢主动争取的东西，对于他们来说是一种平等的权利和资格的体现，是我小时候从母亲这里没有得到过的，但这并不妨碍她现在从我这里得到。

而玩游戏这件事本身对母亲来说就是一种疗愈，使她从中感受到了小孩子般的自由快乐、放飞自我的状态，这也是她童年时期没有过的。在她的观念里，干活之外的任何其他活动都是不应该的，是不被允许的，是要被谴责的，娱乐活动当然更是如此。所以她对她的孩子的任何日常活动都会有过激

反应。

然而现在，她被允许了这么多，这是她没有想到的。因为当父母渐渐老去，子女越来越强大，父母就会退回到那个弱小无助的小孩子状态，这时候他们和子女的位置互换，开始看子女的脸色行事。因为以前他们对子女太多的不允许，使他们在年老后又成了那个小心翼翼没有任何权利和资格的小孩，所以需要子女看到他们的需求，主动为他们提供一些需要在子女的帮助下才能达成的，他们只敢在心里想想的权利。

当母亲最初被允许开始学这些新事物时，她的反应是不自然的，不太敢相信的，后来才慢慢适应，逐渐放松下来。因为在她看来那本来是她不可以做的事，而现在竟然被认为是理所当然的。她没有想到自己也可以随心所欲地做这些"不该做的事"，那是她也许在童年时期曾经渴望过但是后来被压抑到潜意识里想都不敢想的没有拘束地玩耍的状态。

从这时候开始，母亲已经和缓了很多的性格变得愈发放松起来。她会因为学到一项新技能而向我们展示，在得到夸奖后布满皱纹的脸上流露出孩子一般的笑容和有点羞涩的神情，这是她以前极少有的表情。母亲越来越像一个真正的快乐的小孩，也越来越成为本真的自己。

但即使是这样，童年的创伤依然会在不经意间流露出来。

那段时间母亲虽然在意识层面知道自己是颐养天年的年龄，而且也早已过上了悠闲自得的日子，但是在某一个特别的时刻，还是会突然间不能坦然地接受这种舒服的生活，本能反应依然是：我不能这样，我不敢，我不要被责备……表现出的就是童年时那个诚惶诚恐、做任何事都是为了得到家庭中的强者肯定、担心被厌弃的小孩。那是她的那个内在小孩的样子。

母亲有一件雷打不动的事就是每天早起都要扫地，就像我们每个人小时候最初被要求做家务活儿一样，那应该是她最初被要求做的家务之一。有一天她把扫地这事儿给忘了，想玩游戏的时候，看到其他人都在忙工作，马上流露出一种担心被责备的样子，不安地说：我还没扫地。然后赶忙去拿扫把打扫。其实那时候家里已经在用扫地机器人，但是也许因为紧张，母亲习惯性地拿起了扫把。

其实在这样的年龄，家务琐事完全是一件可以当作锻炼的可做可不做的事，但是在母亲的潜意识里，这件事理所当然是她应该做而且必须每天要做的事，不做就会心里不安，就觉得自己犯错了，就应该被谴责。可见当初她被要求做这件事时是怎样的一种状态，曾经被怎样责备并怎样以此行为讨好过家里那个强大的大家长。所以天长日久，扫地这件事才像石头上刻的字一样，哪怕明白自己可以不用去做，但是在特定的情形下，潜意识的本能反应还是会暴露出内在的缺失，恐怕一辈子也不会再放下这件事。

由此可见童年创伤是怎样在潜意识里影响着我们的一生。

所以回到老家，看着年迈的母亲有时因为"贪玩儿"没有按时去做她觉得应该做的事而说出一些感到不安的话，我眼前晃动的总是一个五六岁的小女孩惊慌失措的单薄的身影。那不是人们常说的"老小孩"任性的恣意妄为，而是有另一种童年经历的人的真实内在，是一个缺乏关爱、担负着大量琐碎家务、时刻都在担心被苛责的孩子。

所以当我们说"老小孩"的时候，也许应该包括两种情况：一种是正常环境下成长起来的孩子，幼年生活在爱中，想要就要，敢于真实表达，经历过人生大半走到暮年，随着头脑日趋简单，又恢复了一些儿时的天性，表现得任性，甚至有些无理取闹，成为人们口中的"老小孩"。另一些童年有过创伤的孩子，在经历了成年的强势之后，到了老年随着自己的能力越来越弱，又恢复到幼年时期弱小无助、恐惧慌张的状态，成为那个乖巧、听话、懂事、很怕父母会生气的退缩的小孩，因为那就是他们童年时的样子……

童年伤害固然让我们承担了太多本该父母承担的责任，但是当我们的内心有了力量，当我们足够成熟，不妨拿父母当小孩子一样来看待，做妈妈的妈妈，做父母的父母，去抚慰他们曾受伤的心灵，给他们一些内心的补偿，弥补他们曾经那么久远的缺失，让他们也得到一些本应在童年时代就应该得到的东西。

当你这么做的时候，不仅自己的内心获得了自由，也让父母的心灵因为你的改变而获得一定程度的滋养。就像我的母亲，越来越能从容地面对以前对她来说很糟糕的事情，也越来越能坦然地享受生活的美好而不再觉得是负担。

4. 起底童年创伤——可恨之人必有可怜之处

"可怜之人必有可恨之处"说的是表象，
"可恨之人必有可怜之处"说的是内在。

我们常常会说"可怜之人必有可恨之处"，但是很少有人想过，可恨之人也必有可怜之处。

首先大家能轻易看到的，是一个人值得同情的现状，可能看起来生活无着无落，可能同样犯错他总是被骂而别人不会，等等。这样的人很容易因为自己的遭遇而引发周围人们的同情，因而可以被称为可怜之人。

然而经过观察你会发现，这类人或者是思想观念，或者是处事为人，一般会存在很大问题，他们的可怜是有原因的。因为他们有很多做得不好或不适当的地方，所以才落得如此境地。比如，沦为乞讨、生活贫困者可能很大程度上是因为懒惰；形只影单、人见人躲的人可能在说话办事方面有很大的欠缺，比如自私、小气、说话伤人等，所以才让人退避三舍。于是有了"可怜之人必有可恨之处"一说。

一个看起来有很大问题的人，包括监狱里让人避之唯恐不及的犯人，他们或者自私自利，或者暴虐成性，或者尖酸刻薄，或者超级懒惰，总之让人难以接近，相处很不舒服。通常人们会对这样的人敬而远之，或者至少是觉得他们要么人品不行，要么难以相处，要么性情古怪，要么不可理喻。我们权且称之为"可恨之人"。

对此不妨再深入一些，如果去探究他们的成长经历，你会发现他们的童年无一例外地不会很幸福。他们的记忆里可能字字血泪，整个成长时期充满了坎坷与不幸。比如，一个看起来很小气、无法照顾他人感受的人，也许在幼年时没有得到来自父母足够的关爱而严重缺乏安全感；一个疯狂的杀人犯虽然罪大恶极，但是并非生来如此，他很可能来自一个严重冷漠的家庭，父母无比暴虐。不管是那些因某些特殊事件被逼无奈奋起反抗的好人，还是平时就恶贯满盈的罪犯，细究他们的原生家庭，无不存在着造成他们现在这种处理和解决问题习惯或方式的诸多因素。

所以，虽然看起来两种说法都是在挖掘一个人行为背后的原因，但是前者说的是外在表象，后者说的则是内在心理，是更深层次地分析一个人之所以成为一个"坏人"其在早期的成长环境的遭遇，因而更贴近人的本质和问题的本源。在做婚姻家庭咨询工作的时候，很多看起来有问题或者让来访者感到很气愤的人和事，都可以通过深入分析，挖掘出那些可恨之人的可怜之处。

幼时缺少关爱，长大常以自我为中心

生活中那些不太招人待见的人通常分为两大类，一类是看起来性格暴虐、残酷无情、心狠手黑，让人心生畏惧避之唯恐不及的人。这样的人很容易因为暴力行为触犯刑律，甚至有可能成为一个恶贯满盈的人。这类人的原生家庭一般都不太注重教育，父母文化较低，头脑简单，并且比较暴力。

这里我们重点要说的是第二类人，他们看起来很善良，和我们一样是普普通通的人，但是他们的一些特质又的确让人有些反感，甚至让人很难接近。这类人遍布于我们周围，可能会为我们的生活带来一些烦恼和无奈。他们不仅人际关系会存在很多的问题，家庭关系也充满了不和谐。

我的一位来访者说到她的母亲就很有感慨。这里我把这个非常典型的人物性格和心理走向稍加整理，分享给大家。

来访者称母亲有些自私，性格比较强势，为人处世很小气，在生活中斤斤计较，和公婆、妯娌之间的关系都不是很好，有时候甚至会让这位来访者显得很尴尬。因为在她看来家里人都是很讲道理的，她和家人之间的感情也都不错。但是面对自己的母亲，她也不好指责，而且来访者的母亲向来对自己的子女说一不二，不容辩驳。所以这位来访者有些无所适从，很想知道到底是她母亲的问题太大，还是她想得太多。

来访者的母亲排行老大，虽是一个女孩，但自幼被当作一个男孩来期待和养育。后来有了弟弟妹妹，她又担负起了照

看弟妹的任务。那时候农村重男轻女的现象严重，弟弟自然是备受宠爱，而妹妹是老幺，也是被照顾的对象。再加上来访者的母亲很小就明白父母对自己的期待，因此在心理上是没有安全感的，不但总是被责备，还会因为父母对自己的不满而担心被抛弃。因而她在心理上觉得是不被认可的，有了弟妹之后这种感觉就更加强烈。

她一方面想从父母那里得到和弟妹一样的爱，另一方面又觉得自己没有资格、没有办法去和他们争宠。为了得到认可，她尽力地去表现自己，家里、地里的活儿每一样都熟练自如。

所以这位母亲长大成家以后，一方面会极力维护自己的权益，一方面又非常需要得到认可。这其实是一种未得到满足的童年需求的补偿心理，是一种在恋爱婚姻中对自己的可能的疗愈。如果这种被认可的需求不能得到满足，她会感到委屈，因为她觉得自己也付出了很多，并且认为自己为这个家生了两个儿子，所以有时候胡搅蛮缠也显得很理直气壮，因为幼时的经历让她觉得儿子是自己的底气。

这位妈妈有了子女以后，虽然在意识层面很想让孩子不再重蹈自己的覆辙，但是在行动上却自然而然沿袭了她原生家庭的习惯，这让孩子们对她并无太多好感，只是鉴于她的母亲身份对她保持尊敬。同时当这位母亲在夫家觉得自己有了说话的权利时，又会随时准备为了自己的利益而战，一直压抑着的情绪也终于有了机会释放，任何的不顺心都会让她情绪爆发，而她对外界所有针对她的"疑似指责"都会反应过度。她"不可爱"的根源，就在于此。

当我把这些分析和来访者进行交流以后，来访者对自己的母亲有了更多的理解，明白了母亲之所以会有一些让人反感的行为，是因为童年时期的创伤在作怪，她不应该被嫌弃，而需要被补偿。

那些平时看起来有些狭隘自私的人，除了一部分是因为溺爱造成的以自我为中心，眼中只有自己没有他人外，另有很大一部分是因为很小的时候没有得到来自父母的足够的爱与关注，因而内心匮乏，极度缺少安全感。他们的一切都要靠自己去极力争取，形成了不这样做生存就难以为继的潜在意识。这些人在长大有了自己的生活和圈子后，因为太过于小气和计较，人缘往往不会很好。

生活中这样的人有很多，而且越年长的人可能会越严重一些。那些在国外利用管理漏洞占小便宜被吐槽丢中国人的脸，在国内只要见到打折鸡蛋、赠送礼品就排起长队的大爷大妈，是这一类型的代表。他们虽然在生活中不一定有多大的问题，但是因为幼时贫困的生活环境在内心形成的对任何一点小小利益的占有欲，会随时随地在生活中流露出来。

因为中国传统的家庭关系和教育方式，以及中国社会长期以来的贫困现状，使得我们的长辈内心更容易有匮乏感。同时现在的家庭教育理念虽然比之前好了很多，但是因为原生家庭模式的习得性，一些不良的、带有伤害性的互动模式还会在一段较长的时间里，在很多家庭持续，这是一个长期的转变过程。

以他人为中心的"老实人"为什么不一定能得到他人的赞赏？

同样受一些不当教育理念伤害的还有我们口中常说的"老实人"。他们幼年时在原生家庭极其听话，长大以后往往自我意识较差，一切以别人为中心，不争不抢，不敢主动争取自己的权益，有的潜意识里自感没有资格。

他们的不争抢是因为相信一切都有人安排，因为他们在父母面前就是这样的，只要听话，乖乖等着，父母家人自会把吃的穿的拿来分配好，孩子是不能有自己的想法和要求的。所以他们走上社会时仍旧会沿袭这一习惯，不主动去争取，也不知道怎么争取，而且他们从一开始就不知道那些看起来本来应该人人有份或者人人都一样的利益，很多时候也是需要自己去争取才能得到的。

慢慢他们就会发现，在社会上和在自己家是不一样的；在单位、在公司和在家也是不一样的。哪里都会有不公平，哪里都可能有利益和私欲的争斗，很多时候不争取，自己的利益就会受损。所以人们才会说"会哭的孩子有奶吃"。

一般情况下，如果损失在可以忍受的范围内，或自己也能想得开，他们就还是那个人见人爱的老实人。但是如果受到了较大的损失，或者影响了正常生活，或者自己心里实在觉得委屈，他们就容易做出过激的事情来。这就是所谓的"兔子急了也咬人"，也是为什么有些人眼中的老实人会走上犯罪的道路。

莫言的小说《晚熟的人》中"本性善良的人都晚熟，并且是被劣人催熟的。当别人聪明伶俐时，他们又傻又呆；当别人权衡利弊时，他们一片赤诚；当别人心机用尽，他们灵魂开窍。后来虽然开窍了，但内心还是会保持善良与赤诚。他们不断寻找同类，最后却变成最孤独的那一个"，大致说的就是这一类人。

这些老实人也会随着环境的变化做出一些改变，会在生活的磨砺中成长，但这种成长通常都是外在的、被动的，是他们强迫自己去做一些不情愿、不擅长的事，去适应这个在他们看来太过"尔虞我诈"的社会。

还有一部分人，当他们意识到自己可以主动去争取时，也会学着争取，但是又因为不擅长，不知道怎么主动，就会在"索取"的时候显得没有分寸，不顾礼仪、不分场合地一味拿取而不顾忌他人和环境，显得很没有素养。这会使他们本来的好人形象受损，除非他们再度将自己缩回到那个不争不抢的安全的壳里，这是他们所习惯的。但是这样又会让他们觉得受伤。

实际上，他们只不过是没有学会人与人之间正常的有爱的交往和互动方式。但是他们自己并不清楚问题的根源在哪里，心理上的那个结如果不通过专业人员的帮助很难解开。通常来说，一个人没有从根本上意识到自身存在的问题时，会本能地想要回到他在原生家庭当中形成的已经习惯了的状态，并认为那才是正确的生活方式或处理问题的方式。

其他类似的情况还有很多。当一个人热衷于打小报告，他可能只是想让权威者更公平一些，潜在语言是：他也这样，为什么唯独批评我？当一个人喜欢偷听，也许他只是因为缺乏安全感，需要了解周围的人都在想什么、计划什么，以确定和自己没有关系，或者能让自己早做准备，等等。

我们每个人可能都会或多或少有一些不太招人喜欢的特质，只不过有些人比较明显，更多的人则不太明显，并且自己能有所觉察，知道怎么去克服，同时具备一定的学习能力。

其实说到底，这还是一个关于爱的问题。家庭不是讲理的地方，而是讲爱的地方，尤其体现在原生家庭当中亲子之间的关系和互动。不是不讲规则，不是纵容宠溺，而是要在爱的基础上给孩子良性的影响。我们每个人都需要情感支持，当一个人幼年的时候很难得到这种支持，长大以后他就会缺少正常的情感反应能力。

爱的本身就是教育，用爱才能教会爱。在规则的前提下，只有爱才能培养出一个内心丰盈，守规矩、懂道理的孩子，进而成为一个适应社会的心智健全的人。

5. 虽然有过伤害，但是你的能量仍然来源于这里

你在那个家庭里长大，必然吸收到那个家庭能够一代代延续下来的能量。

来访者C是一位对自己原生家庭和亲子问题有极大觉察能力的女士，她作为家庭里的一个深受童年创伤的成员，没有因为原生家庭有问题而随波逐流，而是根据自己的体会和思考，在亲子关系方面很有自己的想法，并在自己成为一个母亲后，在亲子关系上吸取了很多自己父母的经验教训，避免了自己的孩子重蹈她的覆辙。

她的这种能力很大程度上来源于原生家庭善良的家风和本性。这让她没有对给她造成伤害的父母进行太多的抱怨，相反会因为善良而很好地共情父母，并努力去理解父母背后承受的压力以及情绪。同时家庭对知识的推崇，也让她在备受冷落和打击的时候，能够有机会、有时间埋在书堆里学到更多的知识，增长更多的见识，从而使自己眼界开阔，能够从更多的角度去思考问题。

虽然最初她觉得因为性格原因，她在社会上吃了不少苦头，就像个不食人间烟火、不懂人情世故的傻子一样活在世

上，但是现在她知道这些都是她的原生家庭带给她的在社会上立足的独特资源，会是她一生面对问题、解决困难的法宝，没必要全盘否定。

缺点，是另外一个优点

在年幼的时候，父母和其他对我们有教养责任的成年人，在我们面前显得是那么强势和不可撼动。我们在紧张和压力下长大，自觉地接受他们对我们的负面评价，慢慢觉得自己不够好，不够能干，不够讨大人喜欢，形成所谓的童年创伤。

这种创伤跟随着我们进入社会，影响着我们对自己的评价，对他人的认知，给我们带来糟糕的人际关系和失败的恋爱婚姻。

我们讨好别人，禁锢自己，懦弱自卑，觉得自己没有价值。可以说，童年的阴影极大地影响着我们的生活。

然而，我们身上自认为的很多缺点和问题，其实都可以成为身心能量的一部分。

虽然原生家庭带给我们很多伤害，但是我们不可能把它完全避开，身上必然带着那个家庭的烙印。我们在这个世界上赖以生存的大部分资源都来自那个家庭，可以说，那里是我们力量的重要来源。

虽然童年时你可能缺失了很多，但是也因此拥有了一颗更敏感的心。敏感不只让我们容易触碰到自己的伤痛，同样也让我们心思缜密，懂得感恩，善于体察别人的内心，共情他人的能力更强。

也许你觉得自己比别人消极，似乎这不是一个好的人生态度。但是带有消极情绪的人比起积极情绪的人更注重细节，而悲观的人比起乐观的人思考问题也更为深刻、更有力量。

相对于成长经历一帆风顺的人，童年的不幸也可能使你具有了更强的抗挫折能力，并且一向对自己严苛的你，责任感也更强。

这些特质都是我们在关系当中可以转化和利用起来的优势资源。

看似缺点的性格特征在不同的人身上会呈现出不同的特质，有时甚至还可能成为优点。胆小的人开车，便是谨慎；不善言辞，也可以"沉默是金"。

所以当你觉得自己身上有很多的缺点，有很多从原生家庭带来的让你不满意的地方，首先可能是因为你对原生家庭以及以前的自己的排斥而出现的误判；其次，你完全可以把你所谓的缺点在适当的地方合理发挥，从而变成自己的优点。

我们身上不可避免的消极情绪和心理同样也是一种力量，它是对我们的一种保护，对于我们的人生同样重要。比如，你的愤怒是为了让自己的身体准备好做出反抗并吓跑敌人；你的恐惧是为了让你逃避危险；抑郁是你为了更好地保护自己的能量；惭愧让你更深刻地反思自己；即使你在处理问题时忍不住凶巴巴也没有关系，也许这样你能更有效地解决问题……这些都是我们身上自带的属性，只是为了帮助我们去完成心中的目标。但是，你需要去了解它想要告诉你什么。

所以，不要过于在意，我们身上的嫉妒、焦虑、懒惰、拖延、低自尊、不良习惯、不安全感等，不用着急去摆脱和掩盖它们，以免给我们带来更多的焦虑和不安。接纳它，认可它，去看见它背后隐藏的东西，去发现它存在的意义，然后想办法把它转化为我们的动力。只要信念一转，一切都会改变。

当视野越来越开阔，当学会从不同的角度去看待问题、分析问题时，你就能将身上的所有特点充分为己所用，让它们发挥出正面作用。

性格内向不是问题，问题是对内向性格的偏见

有过童年创伤的孩子，很大一部分性格比较内向，不太张扬。不少人会把这个当作缺点，很多家长也会为自己有些内向的孩子担忧，觉得这会是走上社会后影响个人发展的一个因素。

事实上性格内向的孩子具备很多其他孩子不具备的优秀品质，比如专注力、耐力以及坚持。这些特质对于做研究的人来说是非常宝贵的品质。即使作为普通人，这些品质也可以成为一种力量，使他们更容易在某些领域做出成绩。我们身边其实不乏性格内向的成功人士，他们看起来安静、稳重、深思熟虑，默默地为这个世界做出了许多贡献。

内向性格的人脑神经回路比较长，在加工信息时会认真地将自己的感受和想法加进去；他们的唤醒水平比外向型的人低，所以更容易被过度刺激。他们的大脑是节能型大脑，可以通过读书、深度思考、探索内心世界来获得满足感和能量；他们很少会通过赌博、冒险这些行为获得强烈快感，因而也更少有不良的嗜好和活动。

内向性格的人还具有善于观察、注意环境细节的特点，这也是他们的一个非常大的优势。同时他们的自我对话比较多，虽然在语言上不会表现出来，但是脑子里会有很多想法，这会成为他们内在的一种力量，也就是我们常说的"内秀"。

虽然这些人在生活中看起来不喜热闹，不爱交际，不愿

意参加一些大型的活动，但是他们有自己的私人空间，有自己志同道合的小圈子，有别人不能体会的生活乐趣和幸福。如果他们被强制改变，这个世界不但可能会少了许多某些方面的天才，还可能会多出许多有心理问题的"病人"。因为强制孩子做他们不喜欢、不擅长做的事，必然引起他们情绪上的反感和心理上的抵触；如果因为不擅长和不喜欢而不断被嘲笑和斥责，他们还会对自己产生怀疑，从而引发焦虑、社交恐惧等症状，因此会变得更加孤僻。

所以性格内向不是问题，有问题的是社会对内向性格的偏见。

如果你觉得你是一个性格内向的人，不要担心，你尽可以大胆地做自己。如果你是一位内向孩子的家长，也不要认为这是一件不好的事，更不要给孩子贴上"害羞"的标签。你要让他知道他的优势在哪里，而不是让他觉得自己的性格是令人担忧的。你要适应他的节奏，帮助他培养各种兴趣爱好，以便让他结识志同道合的人。他的朋友不一定多，但关系会比较稳定。你还要注意观察他、聆听他、回应他，因为他可能不是那么善于求助，需要你去及时发现他的需要。

挫折和困难是人生中最大的机会

你的过往塑造了现在的你，你的所有经历都会在你的身上留下烙印。逆境，也许会使你把自己看作一个受害者，但是，你也可以把逆境当作一个被掩盖起来的巨大的机会。就像，如果你病了，你不仅仅会感受到痛苦，疾病还可能是一个信号，提醒你改掉一些引发疾病的不良习惯，从而避免今后可能带来的更大的健康隐患。

艾尔·赛伯特博士说：最高级别的抗挫力，是我们把自己遇到的最大挫折和困难，变成人生中最大的机会和成长。

身体压力不一定都会造成伤害，相反可能有助于骨骼和肌肉发育；情绪压力也不一定全都是消极影响，还可以帮助儿童发展出耐性以及在逆境中处理问题的能力。伤害其实是对我们的一个警醒，提示我们哪里需要历练。很多心理咨询师，往往也是在经历了心理上的困扰之后开始钻研心理学，从而使自己对心理的了解和觉察比别人更敏锐，也更知道如何调整自己来获得快乐和幸福。

当我们在最彷徨、无助、迷失自己的时候，往往才有动力去做出人生重大的改变。我们的成长，基本都是在遇到一些挫折或困难之后开始的。

从某种意义上说，被伤害可以说是生命的一门必修课，包括在原生家庭当中的创伤。这些伤害很可能是我们今后人生中的一份养料，或者我们靠自己的力量尽可能让这些伤害变成我们的养分，使我们的生命变得更有韧性，更有活力。

不要否定环境的阴暗和自己的过往，有一个看起来不那么幸福的童年，也许能让你更清楚地知道自己到底需要什么，不想要什么，也更容易感受到幸福和温暖，并加倍珍惜。

如果有一天你对自己所受到的伤害不再在意，你经历的所有痛苦、伤心、难过、失望、恐惧在你的心里都变得无足轻重，那么这些就都变成了你的资源，变成了你越来越厚重的人生的一部分，使你的力量感不断增强，从此有了迈向成功的底气。于是那些曾经的伤害就成了你人生中一份份大大小小的礼物，只不过礼物的包装有点难看而已。